Leah Weigand, Jahrgang 1996, wuchs in einem mittelhessischen Dorf als Kind zweier Pflegekräfte auf. Schon früh interessierten sie zwei Dinge besonders: die Medizin und das Schreiben. Nach der Schule verbrachte sie für einen Freiwilligendienst ein Jahr in Uganda und machte anschließend die Ausbildung zur Gesundheits- und Krankenpflegerin. Ihr Poetry-Slam-Video »Ungepflegt«, in dem es gleichzeitig um die Schönheiten und Missstände des Pflegeberufs geht, berührte Millionen von Menschen. Heute studiert Leah Weigand Medizin und lebt in Marburg.

Leah Weigand

EIN WENIG MEHR WIR

Texte über Menschlichkeit

Besuchen Sie uns im Internet:
www.droemer-knaur.de

5. Auflage Juni 2026

Originalausgabe März 2024

Ein Imprint der Verlagsgruppe Droemer Knaur GmbH & Co. KG
Landsberger Straße 346, 80687 München

Redaktion: Julia Gommel-Baharov und Lisa Harder
Illustrationen: Mathias Fleck
Covergestaltung: Mathias Fleck
Coverabbildung: Illustration von Mathias Fleck
Autoreninnenfoto: Luca Motz
Satz und Layout: Adobe InDesign im Verlag
Druck und Bindung: CPI books GmbH, Leck
ISBN 978-3-426-44831-1

Kontaktadresse nach EU-Produktsicherheitsverordnung:
produktsicherheit@droemer-knaur.de

INHALT

Für uns.

EIN WENIG VORWORT

Was soll ich sagen,
was man nicht schon gehört hätte?
Was soll ich schreiben,
was es nicht schon zu lesen gäbe?
Was soll ich noch dichten
beim Anblick meiner verdichteten Bücherregale?

Jemand schrieb einmal
(und dieser jemand war Erich Kästner):
»Formulierung ist heilsam.«
Von der Seele schreiben kann man sich nur das,
was auf der Seele liegt, brennt und sie piesackt.
Meistens ist das schwer und erdrückend,
manchmal verletzend und kränkend
und in wenigen Fällen auch erheiternd und wohlig.

Oft liegt es schon so lange anonymisiert da
– ohne Titel, ohne Namen –,
sodass man fast vergisst,
dass es da ist.
Ähnlich all dem Zeugs,
das sich unten in einem Rucksack ansammelt,
mit dem man viel auf Reisen geht,
ohne ihn je ganz auszuräumen.

Die meiste Zeit über scheinen
die halb leeren Handcremetuben, Kugelschreiberminen,
Kassenzettel, Bustickets,
Tampons und Tablettenblister nicht zu stören.
Aber irgendwie liegen sie doch
zwischen den wichtigen Dingen herum,
nehmen Platz weg
und machen das Gepäck unnötig schwer.

Das Formulieren holt all diese Dinge
aus den Rucksacktiefen hervor,
faltet sie auseinander,
stellt sie ins Licht.
Von allen Seiten werden sie beachtet,
beäugt und schließlich benannt.
Dieser Vorgang kann erleichtern,
erleuchten
und vielleicht sogar heilen.

Jemand schrieb einmal
(und dieser jemand war Hermann Hesse):
»Schön war die Welt, bunt war die Welt, seltsam und
rätselhaft war die Welt.«
Formulieren bedeutet auch zu verstehen
und Rätsel zu lösen.
In Form von Worten und Sätzen erkenne ich mich selbst,
entwirre meine nebulösen Gedanken
und gebe meinen heimatlosen Gefühlen ein Zuhause.

Es ist ein bruchstückhaftes Verstehen der Welt
und seiner Bewohner
und dann auch gleichsam das genügsame Verständnis
für das Nichtverstehen dieser.
Es ist Faszination für das Verborgene
und Ehrfurcht vor dem Unformulierbaren.

Jemand schreibt in diesem Moment
(und dieser jemand bin ich):
»Schreiben ist Verbinden.«
Es verbindet mich mit mir selbst,
weil mein Innenleben plötzlich
ein Tor zur Außenwelt hat.
Es verbindet mich
mit den schreibenden Helden und Heldinnen
der Vergangenheit, die ich hier ungefragt zitieren darf,
und mit all den mutigen Schreiberlingen,
Dichtern und Dichterinnen,
die noch heute Wörter auf Papiere werfen,
dann in Bücher drucken oder von Bühnen rufen.

Es verbindet Menschen miteinander,
die sich in den Texten des anderen wiedererkennen
und sich durch seine Worte verstanden fühlen.
Einer der kostbarsten Augenblicke entsteht dort,
wo einer für die andere spricht,
seine Stimme für sie erhebt
und Worte dort findet,

wo die andere nur schweigen kann.
Geschichten und Gedichte verbinden Generationen;
sehen über Grenzen hinweg.
Schreiben errichtet Buchstaben-Brücken,
und vielleicht liegt im Schreiben
ein wenig mehr Wir.

WENN ES GUT WIRD

»Das Leben ist ein guter Tag«,

murmelt der Mann am Tresen in sein Weizenbierglas
und weiß nicht, wie poetisch er für mich klingt.

Ein Loblied auf die analoge Welt

Ich sing heut ein Loblied auf die analoge Welt.
Weil ich Herzchen hier hören kann.
Weil mein Tag nicht mit Ringlicht,
doch mit zwei leuchtenden Augen begann.
Weil mein Glück nicht von Likes abhängt
und ich es hab, weil du mich magst.
Weil ich nicht immer meine Meinung sage,
aber doch, wenn du mich fragst.

Ein Loblied auf die analoge Welt.
Weil's hier noch creepy ist,
wenn Fremde mir folgen.
Und ich niemals einfach schreibe,
was sie gerade lesen wollen.
Weil wir zum Posten
zum Briefkasten laufen,
zum Lächeln keine Emojis brauchen,
und wenn wir in DMs sliden,
dann, um dort auch einzukaufen.

Ein Loblied auf die analoge Welt.
Weil ich Alben hier höre – in voller Länge:
vom Intro bis zum letzten Track
und dabei fein bedachte Übergänge
und auch ein Konzept entdeck.
Weil ich hier für ein Produkt bezahle,
das ich konsumieren will.

Weil hier jeder weiß:
Stehlen, das ist nicht legal,
auch dann nicht, wenn es Streaming heißt.
Weil ich Songs hier nicht nur höre,
sondern sehe, wie sie sich drehend bewegen
und sich irgendwann still
in meine behutsamen Finger legen.

Ein Loblied auf die analoge Welt.
Weil hier das Normale zählt.
Ganz unaufgepimpt und ungeschminkt.
Weil ich hier nur für mich tanze
und es in dem Augenblick nichts Schöneres gibt,
als dass mich dabei niemand sieht.
Weil du mich hier anschaust, bevor du mich anschreist.
Weil du mich hier anschreien kannst.
Und ich dich zurück.

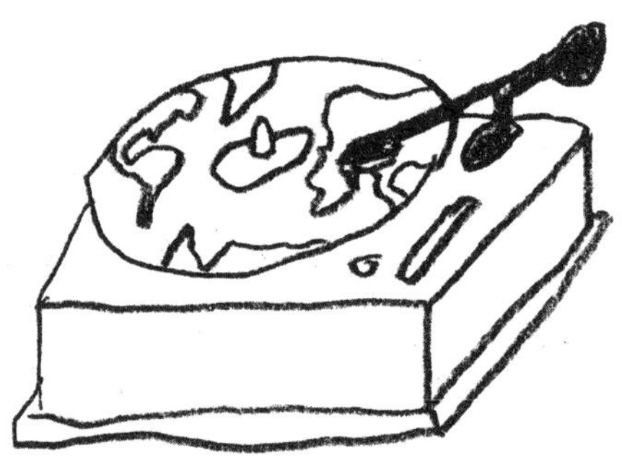

Weil man hier ein Stück gibt, wenn man was teilt.
Weil man healthy food hier schmecken kann.
Ganz ohne dass man es wem zeigt.
Weil gut nicht immer schön sein muss
und Oma unser Chefkoch bleibt.

Weil ich hier bin, wo ich bin, und nicht längst schon woanders.
Weil ich hier bin, wer ich bin, und nicht kurz mal wer anders.
Weil ich für *nofilter* kein Hashtag brauch
und für *happy* und *nature* und *freedom* auch.
Weil ich meine echte Intelligenz hier zeige
und die manchmal sogar hilft.
Weil ich hier gedankenlange Briefe schreibe
auf Blattpapier, mit einem Stift.
Weil ich hier nicht auf Löschen klicken
und meine Worte revidieren kann,
siehst du mich ganz ungefiltert
mit einem liebevollen Trotzdem an.

Ein Loblied auf die analoge Welt.
Schön, dass du noch da bist.
Unverletzlich unersetzlich.
Ich hab dich heute *#vermisst.*

Wie oft Wir

Das erste Mal Club, das war mit dir,
und deinen Ausweis, den teilten wir.
Wie oft haben wir zu tanzen angefangen
und wie oft sind wir schon als Letzte gegangen?

Wie viele Kakaos nachts angerührt
und ein Morgen-Nachgespräch geführt?
Wie oft gemeinsam die Zeit verschätzt,
dann verschwitzt und abgehetzt,
in letzter Sekunde – zwar unehrenhaft –,
doch trotzdem geschafft?

Wie viele deiner Voicemails gehört
und wie viele deiner Treffen durch meinen Anruf gestört?
Wie viele Stunden haben wir auf Balkonien verbracht?
Gedankengärtnern im Sonnenschein.
Und wie viele Male hab ich schon gelacht
und wollte doch eigentlich wütend sein?

Wie viele Outfit-Bilder gesendet?
Und wie viele meiner Sätze hast du schon beendet?
Wie viele Geheimnisse haben wir
füreinander bewahrt?
Wie oft hast du mich verstanden,
als es sonst niemand tat?

Du bist mein Hafen,
wenn die Wellen mich umschäumen
und Salzkristalle meine Lider säumen.
Und wenn ich vor lauter Reise nicht mehr weiß,
wo ich zuletzt war,
woher ich komm und wohin ich fahr,
hilfst du mir, die Lust am Atmen zu wecken,
sagst du mir, wie gut kleine Brötchen schmecken.

Ein Tausendfühler am Morgen danach

Die Äste einer langen Nacht
ranken in den Tag hinein.
Die Reste liegen noch herum
und werden zu verräumen sein.
Sie können wohlriechend rosig,
auch erregend errötend,
sie können stachlig sein.
Und dornenbesetzt,
sodass mir jeder einzelne
einen platzierten Stich versetzt.
Die Triebe eines Nachschattengewächses
sie können sanft und zugleich rau.
Im morgendlichen Kater-Taumel
feiern wir 'ne After-Show.

So werde ich das Gute noch einmal genießen,
was schlecht war, noch einmal ertragen.
Und die Antwort, die ich niemals wollte,
gar nicht erst erfragen.
Ich werde sagen, was ich hätte sagen sollen,
schweigen, wo ich hätte schweigen sollen,
wissen, was ich hätte wissen sollen,
wollen, wo ich hätte wollen sollen.
Und vor allem aufhör'n zu trinken,
wo ich hätte aufhör'n sollen.

Was war, ist vergangen,
und was ist, ist wahr.
Der Morgen ist jetzt,
doch die Nacht ist noch da.

Handreichung (für Mediziner)

Ein Pollux,
vier Phalangen
und 27 Knochen.
Von Medianus und Ulnaris –
nur teilweise durchbrochen.
Ein paar Muskeln, viele Sehnen,
von Kahn- bis Erbsenbein.
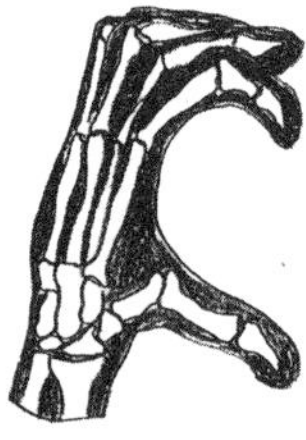
Zwischen Satteln und Scharnieren
muss Synovia und Kapsel sein.

Obendrauf die Dermis,
darunter etwas Fett.
Ein paar Falten, Haare, Drüsen
und ein Nagelbett.
Sie haben keine Lippen,
und sind auch keine Zungen,
sind keine Nasennebenhöhlen,
und auch keine Lungen.
Sind weder Pharynx noch Larynx,
sind nicht einmal Stimmband.
Trotzdem sagen sie alles.

Komm, reich mir deine Hand.

Ankommen

Wenn ich an der U-Bahn-Station
an der richtigen Seite hochlauf,
dann tritt mein Herz auf die Fußmatte rauf.
Wenn ich ohne Maps zur Uni finden kann,
dann zieht mein Herz Pantoffeln an.

Wenn ich mein neues Stammcafé entdeck,
dann wischt mein Herz die Schminke weg.
Und treffe ich Menschen, die ganz wunderlich
ein bisschen so anders sind wie ich,
dann zieht mein Herz den BH aus
– ist jetzt endlich zuhaus.

An die Mütter

Das ist an die Mütter, die das Licht im Flur anmachen
und die Tür einen Spaltbreit offen lassen.
Für die »ungestört« ein fremdes Wort
und die Dusche Urlaubsort ist.
An die Mütter, die Schürfwunden reparieren.
Und Fahrräder und gebrochene Herzen.
An die Mütter, die Turnbeutel noch in die Schule bringen.
Die Äpfel schnitzen
und Gesichter in Gurken ritzen
und die sagen: »Nimm dir 'ne Jacke mit.«

An die Mütter, die flüstern: »Du bist die Schönste im Saal«,
und die Mütter, die sagen: »Versuch's noch mal.«
An die Mütter, die nicht schlafen gehen,
bis sich die Schlüssel im Türschloss drehen.
Die wach auf ihrem Bett liegen,
als wär's aus heißen Kohlen,
und dann die kotzenden Kinder
von der Kirmes abholen.

An alle Mütter.
Die die Nacht in der Notaufnahme verbringen
und dabei Conny vorlesen,
die nach einem »Ich hasse dich« weiterlieben –
so, als sei nichts gewesen.
An die mit der 168-Stunden-Woche.
An die mit dem Halbtagsjob
und der Ganztagsarbeit.

Und an die Mütter im Sorgerechtsstreit.
An die Mütter, die ungefragt ihr Auto verleihen
und dann immer *noch* eine Schramme verzeihen.
An die Mütter, die kleine Welten
erhellen und prägen,
mit Zeichen, die gelten –
für ein ganzes Leben.

An Mütter, die über Grenzen gehen
und ihre Heimat vermissen,
um neue Zukunft zu sehen,
um ihre Kinder sicher zu wissen.
An alle, die nicht die Mutter sein konnten,
die sie sein wollten, obwohl sie es besser wussten.
An die Mütter, die viel zu kurz Mütter waren
und die wir gehen lassen mussten.
An die Mütter, die ihr Kind verloren haben,
doch trotzdem noch Mütter sind.
Die Mütter, die ihr Kind nicht selbst geboren haben
und die besten Mütter sind.
An die Mütter von ihrem Enkelkind.
An die Mütter, die gleichzeitig Väter sind.
Und die Mütter, die eigentlich Väter sind.
An die Regenbogen-Mütter in bunt.
An die Mütter, die lieben –
ohne Grund.

Die Stadt an der Lahn

Mit seinen blütenbestäubten Südviertelstraßen
und seinen kopfsteingepflasterten Oberstadtgassen,
liegt ein Städtchen – ganz klein – am Ufer der Lahn
und betört alle die, die es selbst einmal sah'n.

Bezahlung und Füße laufen hier bar.
»Zu verschenken«, steht auf der Kiste vorm Haus.
Beine sind hier noch zum Laufen da,
doch hoch in die Altstadt fährt man rauf.

Im winzigen Aufzug kommt man sich nah
und nimmt dafür seinen Duft in Kauf.
Marburger wird, wer im *Deli* war:
Einmal *Rostiger Nagel* auf Auflauf drauf.

Delirium, Sudhaus und *Schlucke,*
Fratzkeller, Bierwerk, Hinkelstein.
Kurz *Cavete* zur Mucke,
zum Mucken ins *Campus* rein.

Shots, Enjoybar und *Röhrender Hirsch,*
Spock, Quod und *Pegasus,*
und dann noch zum *Tunnel,*
für den *Centershot*-Schluss.

Hier geht keiner in die Klinik –
man fährt auf die Lahnberge rauf.
Wir wollen fair, lokal, bio
und ökologisch beim Unverpackt-Kauf.

Man isst vegan, um sicherzugeh'n,
doch vegetarisch mal Minimum,
beim Radeln zählt rechts vor links,
doch gewählt wird andersrum.

Man hat kein Kfz, aber man geht dorthin.
Überhaupt: Man geht ohnehin,
und hat man kein Geld,
geht man ohne hin.

Es braucht keine Seen,
der Fluss tut es auch.
Wenn wir mit Yoga-Tuch zu den Lahnwiesen gehen,
bräunt uns die Sonne den Bauch.

Besuch bekommen heißt,
dass du zum Schloss hinaufmusst
und im Anschluss auch meist
noch zu Spiegelslust.

Er ist zwar nicht im Zoo,
doch man zählt zuzeiten
den berüchtigten Affenfelsen
durchaus zu den Sehenswürdigkeiten.

Nach dem Lerntag zum Späti
ist das größte Glück,
und für den Marburger Sommer
kommt man vom Urlaub zurück.

O du schöne E-Kirche, die du nicht
annähernd elektrisch bist.
Doch wer »Elisabeth« noch spricht,
offenbart uns, dass er ein Ersti ist.

O du Lutherturmspitzensage,
du Klingelhöfer-Gebäck,
O du Lahntreppen-Trinkgelage,
du Morgens-um-fünf-noch-zu-Leckereck.

Zwar bedeuten Semesterferien Geisterstadt
und weiß niemand, dass der Ort auch Ü40 hat.
Zwar machen dich Berge und Treppen platt
und hast du nach einem Sommer den Regen satt.

Doch mit seinen blütenbestäubten Südviertelstraßen
und seinen kopfsteingepflasterten Oberstadtgassen
liegt das Städtchen – ganz klein – am Ufer der Lahn
und betört alle die, die es selbst einmal sah'n.

Zwei Paar Schuhe

Ihr seid Weinglas und Bier-Zapfhahn,
Ihr seid Chaos und Orgaplan.
Ihr seid Techno und dann Après-Ski,
ein Duett aus Kalkbrenner und Wolle Petry.
Ihr seid Vollkornbrot und Weizentoast,
bestens geplant und einfach drauflos.
Ihr seid französischer Brie auf deutscher Salami.
Ihr seid *Pretty Woman* und *Sportschau,*
ihr seid so konträr wie Mann und Frau.

Aber ihr seid auch Kuchenliebhaber und Bergerklimmer
Ihr seid Balkon, Küche, Bad und zwei kleine Zimmer.
Ihr seid 50 m^2 und 1,40-Bett,
ihr seid über 1,80 und ihr seid brünett.
Ihr seid Wintersportler und Sonnenlieger,
ihr seid zwar schlechte Verlierer, aber gute Sieger.
Ihr seid Zungenkuss im blauen VW-Bus.
Ihr seid Banane und Wrap und Falafel,
ihr seid Frühstückszelebrierer,
ihr seid frische Waffel.
Ihr seid Nachteulen und Mittagsschläfer,
Kneipengänger und Seefahrer.
Ihr seid Dorfkinder, Containerfinder,
Spaziergänger, Rechtschreibhänger.
Ihr folgt euch – und nicht nur auf Instagram.
Ihr seid die schönsten zwei Paar Schuhe,
die man immer zusammen nähm.

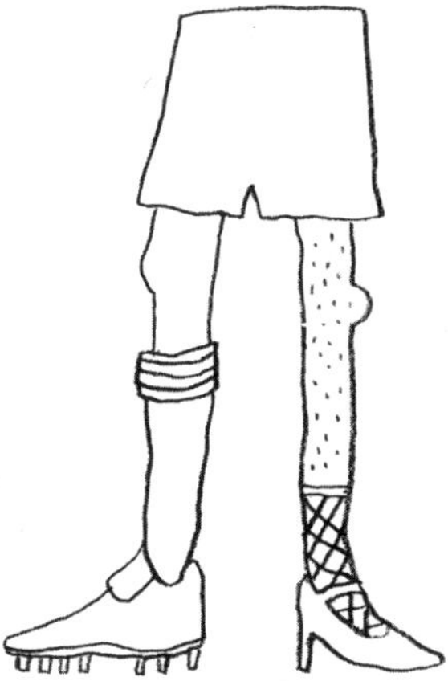

Ein Freund

Für Franz

Ich hab einen Freund.
Und der kommt immer dann,
wenn ich gerade nicht so kann.
Er kommt vorbei, wenn's dir nicht passt
und du eigentlich Termine hast.

Er hat tausende Einfälle,
ist voller Flausen und Idee
und erwartet auf die Schnelle,
dass ich dann immer mit ihm geh.

Er versteht es, wundersam abzulenken,
und hat ein herrisches Wesen.
Er verändert schnell mein Prio-Denken
und ist nie wirklich schüchtern gewesen.

Eigentlich wollte ich lernen.
Mit dem Stift schreib ich Einkaufslisten.
Ich wollte den Keller entkernen
und sortiere dort Socken in Kisten.

An meinem freien Tag,
an dem ich endlich schreiben kann,
klappe ich den Laptop auf –
und seh mir alte Fotos an.

Eigentlich wollte ich Altglas wegbringen,
und den Biomüll auch.
Laufen geh'n – vor allen Dingen
und ein Work-out für Beine und Bauch.

Ich wollte Klausuren korrigieren,
einen Kurs – doch besser, mehr.
Und meine Oma kontaktieren,
es ist schon viel zu lange her.

Eigentlich wollte ich
und war entschlossen dabei.
Doch dann kam er und erzählte mir,
was so viel wichtiger sei.
Eigentlich weiß ich,
und es wäre so leicht:
dass, wenn ich jetzt mit der Arbeit begänne,
die Zeit am Ende auch reicht.

Eigentlich weiß ich:
Ich ersparte mir Druck und auch Sorgen.
Doch ich höre auf ihn,
der mir sagt: Mach das morgen.

Ich hab einen Freund,
dessen Ideen ich liebe.
Und damit endet ein Text,
den ich seit Monaten schiebe.

Eine Geschichte zum Umschreiben

Es regnet seit Tagen in dieser Stadt
aus mannshohen Gießkannen
auf mich herab.
Doch ich hab hier mal gewohnt,
deshalb bin ich das gewohnt.
Ich suche mir ein Vordach zum Unterstellen,
ein wenig Eitelkeit kann man mir unterstellen.
Und während die Autos mich weiträumig umfahren,
damit sie mich nicht umfahren,
denke ich wieder an sie.
Magalie.
Ich kann sie gut leiden,
und das lässt mich leiden.
Weil sie nicht zurückfühlt.
Ich versuche, drüber hinwegzukommen,
das zu überspringen,
doch wenn wir uns sehen, werden wieder
Funken überspringen.
Ich frage mich, ob meine Gefühle für immer anhalten,
als neben mir zwei Radfahrer anhalten.
Einer der beiden will seinen Rucksack abdecken,
doch nicht ohne versehentlich seinen Kopf abzudecken.
Sein Helm landet spritzend in einer Pfütze.
Also werde ich mein Grübeln für später aufheben
und helfe dem Radler beim Aufheben.
Er dankt und will den Helm neu einstellen,
auch wenn sie die Fahrt zunächst einstellen.

Der Himmel hat aufgeklart,
also werde ich die Beradeten verlassen,
denn auf den Regen kann man sich verlassen.

Vielleicht noch mal zu Magalie,
die ich nicht vergessen kann.
Vielleicht sag ich's noch mal anders,
denn auf den Kontext kommt's doch an.

Verschenkt

Ich sehe starres Blicken,
schnelle Beine, die sich im Takt der Uhr bewegen,
Daumen tippen,
Menschen, die an der frischen Luft ersticken.

Siehst du nicht das Morgenrot und das Abendviolett,
das Grasgrün, das Wolken- und Schneeweiß,
das Himmelblau und das Hummelgelb?

Hörst du nicht die Vögel
lauthals brüllend aufsteigen
und den Schnee lautlos fallen?
Riechst du nicht den Duft nach dem Regen?
Blickst du nicht auch noch mal
zum Mond vorm Schlafenlegen?
Jeden Abend sieht er anders aus.

Wenn wir nachts nach Hause kommen,
selbst dann, wenn wir vom Bass und dem Schluck zu viel
noch benommen sind,
sind da kleine Lichter, die dazu da sind,
bestaunt zu werden.

Sie schmücken den Himmel,
bestücken das Schwarz.
Verspürt der Tag manchmal Neid
auf das protzige nächtliche Sternenkleid?

Und schaust du länger,
siehst du vielleicht die Schnuppe eines der Lichter,
von hier nicht größer als eine Fingerkuppe,
aber in Wahrheit so gigantisch, galaktisch,
außerirdisch eben.

Vor mir liegt ein Geschenk,
und jeden Tag wird mir eingeschenkt.
Ich bleib kurz steh'n und nehme es wahr,
denn Geschenke sind zum Auspacken da.

WENN ES ANDERS IST

»Die *Simple Past* ist manchmal nicht so einfach,
wie sie klingt«,

sagt die Englischlehrerin und weiß nicht,
wie poetisch sie für mich klingt.

Vorher-Bild

Ich nehm das Vorher-Bild.
Das, auf dem du so optimal unoptimiert bist,
auf dem du so maximal uninszeniert bist.
Ich nehm das Vorher-Bild.
Das mit dem One-Pack,
der Cellulite und den Falten.
Das mit dem Geheimratseck
würde ich gern behalten.
Ich nehm das Vorher-Bild.
Das mit dem Schlupflid,
kurz nach dem Erwachen.
Das mit der Brille
und dem echten Lachen.
Das nehm ich und dich nehm ich.
Ohne Aber, ohne Wenn.
Ich nehm das Vorher-Bild,
weil ich das Nachher-Bild schon kenn.

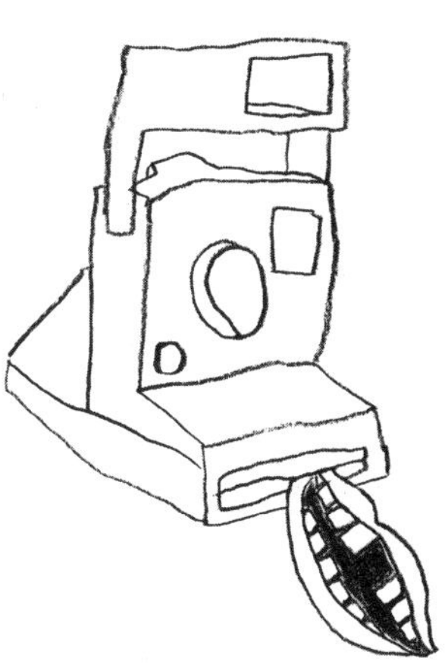

Ein großer Haufen Grau

Da ist ein großer Haufen Grau in meiner Stadt.

Meine Stadt ist bunt, und wir sind frei.
Ich leb die Blüte meines Lebens
und ich fühl mich gut dabei.
Keine Wege sind zu weit,
unsre Zeit ist wie im Flug,
und sind wir dabei zu zweit,
fühlen wir uns stets genug.

Da ist ein großer Haufen Grau in meiner Stadt.
Wir tanzen auf den Grenzen,
und wir sprengen Konventionen,
denn das hier ist unsre Welt,
und wir dürfen sie bewohnen.

Da ist ein großer Haufen Grau
in meiner bunten Stadt.
Da sind Zäune, da sind Mauern,
obendrauf ist Stacheldraht.
Rundherum liegt eine Schweigeschicht.
Ich weiß nur: Hier ist draußen,
doch das Drinnen kenn ich nicht.

Man sagte mir:
Ins Gefängnis kommen die Bösen.
Wer dort ist, gehört auch dorthin.
Gefängnis hat man sich verdient, und wie gut,
dass ich eine von den Guten bin.

Also lebe ich und sehe
meine bunte, freie Stadt,
und was grau ist, das ist böse,
findet ohne mich dort statt.
Und dann stehen da Gefangene vor mir.
Und dann stehen da Menschen vor mir.
Es stehen gefangene Menschen vor mir.
Und Mensch bleibt Mensch bleibt Mensch bleibt Mensch.

Ich erlaube mir heute eine hypothetische Reise.
Ich stelle mir die Frage,
deren Antwort ich nie kenn.
Ich frage mich heute, was wäre.
Was wäre, wenn?
Hätte ich deinen Vater gehabt,
was wäre dann?
Keine Mutter, deine Freunde,
deinen Ehemann?
Deine Siedlung, deinen Block
und deine lauten vier Wände,
deine ersten sechs Wochen
und deren kalte Hände.
Hätten meine Ohren
die Worte deiner gehört,
Hätten deine Arme
in dem Moment mir gehört.
Wäre ich an diesem einen Tag dort gewesen,
hätte ich von deinem Platz
diese Sätze gelesen.

Hätten meine Augen gesehen,
was du einst sahst.
Wäre ich dort gewesen,
wo du einst warst.
Hätte mir niemand gesagt:
»Du machst das gut«
und dass ich das kann.
Hätte niemand gesagt:
»Komm, nimm meine Hand.«
»Komm in meinen Arm.«
Hätte sie sich am ersten Tag
nicht zu mir gesetzt –
was wäre passiert,
und wo wäre ich jetzt?

Da ist ein großer Haufen Grau in meiner Stadt.
Gefängnis beginnt früh,
das hat man mir gesagt,
und dass man immer im Leben
eine Wahl zu treffen hat.
Also lebe ich und sehe
meine bunte, freie Stadt,
und was grau ist, das ist böse,
findet ohne mich dort statt.
Und dann stehen da Täter vor mir.
Und dann stehen da Opfer vor mir.
Es stehen Täter-Opfer vor mir.
Und Mensch bleibt Mensch bleibt Mensch bleibt Mensch.

Lebendkontrolle am Morgen.
Was bedeutet schon Leben?
Ist Freiheit das höchste Gut?
Was bedeutet schon Morgen,
wenn man Tag und Nacht dasselbe tut?
Viel zu große Fragen
für diesen kleinen Raum.
Doch auch wenn enge Mauern
den Platz zum Atmen nehmen,
finden genügend Gedanken
ihren Raum zum Drehen.
Die kleinste Zelle ist die Nervenzelle.

Eine Stunde Frischluft,
dann wieder Rückschluss.
Die haben's noch viel zu bequem.
Gefängnis ist heute doch
schon fast wieder angenehm.
Also lebe ich und sehe
meine bunte, freie Stadt,
und was grau ist, das ist böse,
findet ohne mich dort statt.
Und dann stehen da die Bösen vor mir.
Und dann stehen da die Guten vor mir.
Da stehen die bösen Guten vor mir.
Und Mensch bleibt Mensch bleibt Mensch bleibt Mensch.

Lebenslange Unsicherheit
im Hochsicherheitstrakt.
Noch ein Antrag
und Sorgen im Sekundentakt.
Briefe schreiben.
Post aus dem Bau.
Besuch nur mit Trennscheiben.
Rot gegen blau.

Da ist ein großer Haufen Grau in meiner Stadt.
Freiheit endet dort, wo man Freiheit verwehrt,
und wer andere verletzt, der wird eben weggesperrt.
Also lebe ich und sehe
meine bunte, freie Stadt,
und was grau ist, das ist böse,
findet ohne mich dort statt.
Und dann stehen da Verletzer vor mir.
Und dann stehen da Verletzte vor mir.
Es stehen verletzte Verletzer vor mir.
Und Mensch bleibt Mensch bleibt Mensch bleibt Mensch.
Bleibt Ambivalenz.
Und wo schwarz und weiß eine Schnittstelle hat,
steht ein großer Haufen *Grau* in meiner Stadt.

Ich bin keine Jukebox

Ich spiel mein eigenes Lied
und bei euch nicht mehr mit.
Erzähl dir selber ’nen Witz,
bau dir dein eigenes Bit.
Bin keine Jukebox.

Steht Lieferando auf meiner Jacke?
Nicht dass ich wüsste.
Warum denken dann alle,
dass ich abliefern müsste?
Ich bin keine Jukebox.

Bin nicht mit Scheinen zu speisen,
ich bin echt.
Dich nur mit Reimen zu preisen,
find ich schlecht.

Du erwartest was?
Und du forderst das?
Das ist echt schön für dich
und echt egal für mich.
Bin keine Jukebox.

Bin keine Jukebox,
bin meine Boombox.
Eine mit Muskeln und Sehnen,
eine mit Haben und Sehnen.
Nein, ich bin keine Jukebox,

bau dir ’nen eigenen Beat.
Bin meine Boombox,
bau dir dein eigenes Bit.

Brücken über Gräben

Ich sehe tiefe grausige Gräben
und schaurig schluckende Schluchten,
die einst schon einsame Wanderer
ohne Rückkehr besuchten.

Gefüllt mit Wörtern wie *anders,*
mit *ihr da,* mit *schwarz* und mit *weiß.*
Mit *früher* und *alles* und *besser.*
Mit *kenn ich nicht* und *ist nicht meins.*

Die da oben und *jeder.*
Und *jeder für sich.*
Alle und *keiner*
und *niemand, nur ich.*

Wörter wie *krank* und wie *chronisch,*
Wörter wie *Mauer* und *Zaun.*
Wörter wie *arm, ungebildet*
dehnen den Zwischenraum.

Doch ich sehe auch stabile Brücken
über ein breites Tal,
und wo Klippen sich langsam verrücken,
werden Schluchten wieder schmal.

Brücken aus einem *Okay,*
ich hör Dir jetzt einfach mal zu.
Du weißt, was ich denke, doch
was denkst Du denn dazu?

Ich sehe kein *So ist es,*
sondern vor allem viel Fragen,
ein *Ich habe Angst vor Morgen*
und allen folgenden Tagen.

Ich sehe Kunst und Kultur, die fragen:
Was ist schon normal?
Ich sehe Hände sich reichen, die sagen:
Keiner ist uns egal.

Brücken aus Wörtern wie *bunt,*
Humor und *Verbund* und *Gemeinsamkeit.*
Worte wie *Zusammen ist's besser.*
Doch vor allem wohl Taten. Der Menschlichkeit.

Rosmarinkartoffeln

Wir essen Rosmarinkartoffeln,
und in Israel bricht Krieg aus.

Wir essen Rosmarinkartoffeln,
denn die hast du neu entdeckt.
Ein wenig Feta und Oliven,
und dazu gibt's heute Sekt.
Heute feiern wir das Leben,
gar nicht aus speziellem Grund,
einfach weil wir gerne hier
und noch so zusammen sind.
Wir sprechen über nächste Woche,
Semester geht schon wieder los.
Sprechen über gestern Abend:
Was war da schon wieder los?

Beim zweiten Sekt sag ich:
Ich frag mich.
Ich frag mich, wo das alles hinführt,
ob du auch spürst, was ich sage,
und ob ich bei alledem
etwas beizutragen habe.
Ob die Menschheit lernen kann,
bisher tat sie's nämlich nicht.
Und seit wann man eigentlich
jetzt von »diesen Zeiten« spricht.

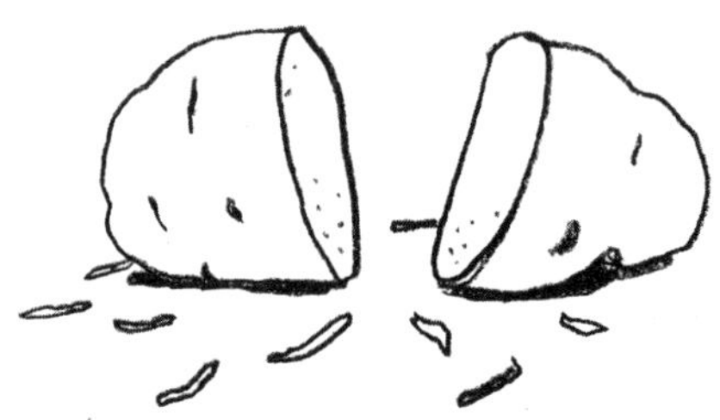

Und weil wir beide keine Antwort wissen,
heute wohl auch keine fänden,
frage ich dich dann auch noch,
wann »diese Zeiten« denn wohl enden.

Wir essen Rosmarinkartoffeln,
und in Israel bricht Krieg aus.

Sollte man wirklich noch Kinder kriegen?
Eine übliche Frage zurzeit.
»Ist denn die Erde noch betretenswert?«,
fragst du mich in Betretenheit.
Man kann das alles nicht so eng
oder gar nicht sehen.
Man kann auch bei alledem
sehr gut an die Decke gehen.
Man kann das finden, wie man will,
wenn sich Menschen vor Autos legen.
Und ich wünschte, Klimakleber
wären Menschen, die mal eben
mit der Heißklebepistole
unser Klima wieder kleben.

Stattdessen klebt die Kinderfrage
auf meinem Blick in Zukunftstage.

Wir essen Rosmarinkartoffeln,
und in Israel bricht Krieg aus.

Ein paar Strophen schweigen,
die zu lesen fällt nicht schwer.
In Gedanken an die Grenzen
und das geflickte Boot im Mittelmeer.
Sind bei Ukrainerinnen und bei Russen,
was nicht wahr sein darf,
ist schon viel zu lange da.
Sind bei Familien, Heimatlosen
und der Ruine, die einst ein Zuhause war.
Ich kenn bestimmt nicht alle Gründe,
trotzdem frag ich mich dabei,
wie man wieder zu dem Schluss kam,
dass ein Krieg die Lösung sei.
Und dann breche ich die Stille,
schieb mir Kartoffeln in den Mund.
Das Schlucken fällt mir etwas schwer,
und dafür kenne ich den Grund.

Wir essen Rosmarinkartoffeln in dem Glauben,
die schlimmsten Schlagzeilen sei'n raus.
Wir essen Rosmarinkartoffeln,
und in Israel bricht Krieg aus.

Ein Haus

Da steht ein Haus groß und blau.
Nicht irgendwo.
In der Mitte der Stadt.
Zumindest fühlt es sich so.
Es ist außergewöhnlich, bunt und markant,
und weil es auch hoch ist,
als Hochhaus benannt.

Die Fassade bröckelt,
ein paar Ziegel fehlen,
und man würde wohl heute
ein andres Architekturdesign wählen.
Es flackert ein Neonlicht,
wo einst die Laterne stand,
und der schiefe Haussegen
wird schon aus der Ferne erkannt.
Doch will man bleiben
und etwas näher gehen,
kann man hinter den Scheiben
bunte Blumen blühen sehen.
Die Zauntür quietscht,
die Bänke vorm Haus wurden längst geklaut.
Und doch sieht man deutlich:
Es wurde mit Sorgfalt erbaut.
Das Graffiti der einen und der Stuck der anderen Seite
sind Zeugenberichte:
Sie erzählen dem, der hinschaut, in ganzer Breite
die packende Hochhausgeschichte.

Sein Ruf ist ambivalent,
die Geister scheiden sich am Haus.
Die einen wollen einziehen,
die ander'n nichts als raus.
Was man bloß optisch sagen kann:
Es ist nicht der himmlischste Bau,
und trotzdem wählte man
den Namen einer Götter-Frau.
Stockwerk über Stockwerk
stapelt sich der Wohnungsberg.
Fußmatte neben Fußmatte
wohnt Landsfrau neben Landsmann.
Und wo ein Zuhause endet,
fängt das andere an.

Als ich das blaue Haus betrete,
kann ich zwischen rauer Tapete
bald vor der ersten Wohnungstür steh'n.
Ein neonfarbenes Window-Color-Türschild
neben dem überbelichteten Familienbild.
Einmal Klopfen und tief Luft,
einmal Warten, einmal … Plätzchenduft.
Guten Morgen. Hallo.
Moiee.
Da bin i dahoam.

Wo sich Sein auf Rhein reimt
und man mit Brot auch Brot meint.

Wo ich im Sommer in die Nordsee
und im Winter in den Alpschnee geh.
Wo man Frühstück zelebriert
und ich meine Kundennummer kenn.
Ja, wo man die Bahn kritisiert,
dort ist, was ich Europa nenn.

Aus einer Tür, gleich nebenan,
die jemand offen ließ,
hört man: »Bonjour, ca va?«
Gibt links, einmal rechts, noch mal links: un bisou.
Ja, wo profane Sätze poetisch klingen
und von wo ich immer Wein mitbringen soll.
Wo ich mit »Zum Frühstück nach Paris«
so gar nicht crazy bin
und ich vorm ersten Pain au chocolat
keinen Tag beginn.
Wo ich den Kaffee bereue,
den ich viel lieber trank,
während dort in der Schule
Französisch stattfand.
Wo ich, ins Lavendelfeld gestellt,
zuweilen nichts Besseres kenn
und mich in Atlantikwellen stürze.
Dort ist, was ich Europa nenn.

An der nächsten Tür: »Buon giorno«
Und: »Ciao ragazzi, ciao«.

Wo man den Gardasee umgarnt
wie eine holde Frau.
Wo ich für Pizza auf der Piazza
zwölf Stunden Auto fahr.
Und einst in den Olivenhainen
mein Paradies auf Erden war.
Da weiß ich:
Das ist Europa für mich.

Und während ich von Türknauf zu Türknauf
Treppen rauf- und wieder runterlauf,
höre ich »Günaydın«, »Kaliméra«, »Dobré ráno«,
»Goedemorgen«, »Tere hommikust« und »Dobro jutro«.
Hier leiht man sich Mehl und da 'nen Stein Butter,
dort wird vom Einkauf was mitgebracht.
Da drüben gibt man einer Katze Futter,
während der andere Urlaub macht.
Für den einen stellt man die Mülltonnen raus,
wenn er es vergisst,
und für eine andere wird Post angenommen,
wenn sie nicht zu Hause ist.
Hier wird ein Akkuschrauber geborgt
und auf ein anderes Kind aufgepasst,
es werden Pflanzen und Hamster versorgt
– denn so macht man das in der Nachbarschaft.

Mit Hausschuhen laufe ich über Brücken und Berge,
blicke über mittlere Meere und große Seen,

kann staunend in alten Gemäuern
unter steinernen Gewölben steh'n.
Schwimme im Fjord,
bevor ich im Nadelwald steh,
stapfe durch Laub, durch Lehm,
durch Sand und durch Schnee.

Ich sehe Menschen in Kirchen, Synagogen, Moscheen
am Sonntag, Samstag oder Freitag gehen.
Und ob nun im Sitzen, Knien oder Stehen, beten alle zu Gott.
Und ich feier und ich spiele,
ich schwitze und ich friere,
und ich lache ganz viel.
Und unweigerlich da merke ich:
Dieses Haus ist unfassbar facettenreich,
doch in all den Differenzen in einem gleich.
Denn Fußmatte liegt neben Fußmatte.
Und Landsfrau wohnt neben Landsmann.
Wo ein Zuhause endet,
fängt das andere an.
»Nazdrave!«, »Jámas!«, »Skál!«, »Prozit!«,
»Salud!«, »Chin-chin!«.
Und während ich überwältigt
all die schönen Wörter nicht kenn,
weiß ich genau, dass es das ist,
was *ich* Europa nenn.

Irgendwann gehe ich wieder
durch die hölzerne quietschende Haustür hinaus,
doch beim Blick zurück sehe ich ein Schild darauf:
Tervetuloa!, Mirë se vini!, Benvingut!
Velkommen!, Bine ați venit!, Witamy!, Boas-vindas!,
Welcome!, in über fünfzig Sprachen.
Und darunter eine Notiz in krakeliger Schrift:
Wir sind nicht gleich und einig schon gar nicht.
Manchmal ist der Techno zu laut
oder das Flötenspiel,
andauernd wird einem der Parkplatz geklaut,
und die Kinder schreien zu viel.

Und doch sind wir Nachbarn, sind hier zu Haus'.
Ist's manchmal Heimatglück und manchmal Ertragen.
Aber wir fanden heraus:
Ein Zuhause, das sollte jeder haben.
Wird eine Heimat geraubt,
haben wir es erlaubt,
vielleicht sogar mit abgestaubt.
Ist es da nicht das Geringste, eben
ein neues Zuhause zurückzugeben?
Dann wird noch etwas mehr geborgt und geliehen,
noch etwas mehr umsorgt und verziehen.
Noch etwas näher gerückt und enger verweilt,
noch etwas bunter bestückt und etwas lieber geteilt.

Als man nach mir einen Riegel
vor die neue Zauntür schiebt,
frag ich mich auf einmal,
ob es das Haus wirklich gibt.
Ganz plötzlich weiß ich's nicht mehr.
Doch ich kann es noch sehen,
und ich hoffe es sehr.

Bartleby

Sei unbefangen, unkonventionell,
und vor allem: Sei frei.
Sei mutig, sei lustig
und vor allem healthy dabei.
Sei im Nature- und Van-Life,
doch bleib dabei stylish.
Sei stets unterwegs,
doch hab's niemals eilig.
Sei artsy und sei stets kreativ,
voller neuer Ideen und innovativ.
Sei informiert, sei politisch,
doch tu dir nicht weh.
Sei vegan und sei sportlich,
und trink deinen Tee.
Achte auf dein Mindset,
bleib stets fokussiert.
Hab eine Richtung
und Ziele ausformuliert.
Sei bei Social Media,
aber auch nicht zu viel.
Setz dir deine Grenzen,
kenn die Regeln im Spiel.

Sei woke und sei edgy,
hab eine Meinung dazu.
Sei authentisch und echt,
sei zu jeder Zeit du.

Ich lass das *Sei* heut mal sein.
I prefer not to klingt klug.
Ich *bin* heute mal.
Und das ist genug.

WENN WAS VERLOREN GEHT

»Wenn nichts klappt, kann man's auch aushalten«,

sagt der Taxifahrer und weiß nicht,
wie poetisch er für mich klingt.

Verlieren

Wenn ich den Kampf gegen mich
auch manchmal verliere,
heißt das doch immerhin,
dass man gegen mich verlieren darf,
weil ich kein leichter Gegner bin.

Lost

Der Wind verweht sie.
Es fehlen ihnen die Wurzeln,
das ist sehr übel für sie.

»Du weißt wenigstens,
was du willst!«, sagst du.
»Du weißt wenigstens, wohin!«,
sagst du.
»Ja klar«, denk ich.

Wir sind alle so lost.
Wir sind Wehende
und blinde Sehende.
Wir komprimieren uns zu konstruierten Kacheln.
Wir haben keine Wurzeln,
nur blendende Blüten und Stacheln.
Wir malen uns ein Blumenkleid,
bekleben es mit Fröhlichkeit
und gleiten weiter mit dem Wind.

Geben vor, das überwunden zu haben.
Uns gefunden zu haben.
Und dann geben wir mit Worten an
und schreiben Antworten auf,
ohne irgendeine Frage darauf.
Wir sind alle so lost.

Wir streunen durch Straßen ohne Namen.
Wir stolpern über Füße, die wir haben,
und wir nennen es Tanzen.

Wir folgen einer Fährte,
doch fragen uns, »warum?«.
Dann bau'n wir uns ein Denkmal
und drehen uns darum.
Wir sind alle so lost.

Wir nehmen eine Richtung
zu einem selbst erdachten Ziel.
Und kennen nicht einmal die Regeln
in unserem selbst gemachten Spiel.
Wir sind alle so lost.
Wir wissen nicht, was wir tun – das war schon immer so.
Wir tun bewandert
und sind doch alle gestrandet.

Der Wind verweht sie.
Es fehlen ihnen die Wurzeln,
das ist sehr übel für sie.
Wir sind alle so lost.

Bis sich manchmal ein Schimmer zeigt,
wenn die schwierigste Frage bleibt:
Was. Ich. Will.
Bis manchmal der Moment passiert.
In dem wir zur Erde segeln
und sich – zuerst noch kaum zu sehen –
schüchtern und versteckt,
eine zarte Wurzel gen Boden reckt.
Im Moment, in dem du fühlst, was wahr ist,
spürst, warum du da bist,
bist du nicht länger ein Wehender,
bist ein verwurzelter Gehender.

Ein bisschen Wissen und Finden,
und vor allem Verbinden,
bringt mein nacktes Bekenntnis:
Wir sind alle so lost.

Vergessenslücken

Ich heiße Klara,
es ist Mittwochnachmittag,
ich bin in einem Haus auf meinem Kanapee,
und meine Lieblingsblume ist Lavendel.

Als ich klein war,
hatte ich manchmal Motten in meinem Schrank.
Die Motte ist eigentlich ein Schmetterling,
doch ist sie braun und blau-grau,
und so wohl ein Sonderling.
Aufgrund ihres Camouflage-Kleids
verfügt sie über gute Tarnbarkeit.
Und ist auch mein Schrank
längst schon Motten-Speisesaal,
wirkt er auf den Betrachter
oft noch völlig normal.
Die Insekten sind überall,
kennen keine Nation,
es gibt sie heute, gab sie gestern,
und in der Steinzeit wohl schon.
Sie lieben den Strickschal,
fressen Sofapolster kahl
und bevorzugen vor allem altes Material.
Und weil sie Löcher in meine Kleider bissen,
machte meine Mutter Flicken drauf
und schenkte mir Lavendelkissen.
Dann gab es guten Duft
und auch keine Löcher mehr.

Doch das alles ist vergangen
und schon viel zu lange her.

Heute habe ich Motten im Kopf,
die Löcher in Synapsen beißen.
Sie ernähren sich von Stoffen,
die Acetylcholine heißen.
Und ihr Mottendreck
bleibt dann als Plaque dort hängen.
Den macht keiner weg.
In den Neuronengängen.
Und ja, sie stehen auf altes Material,
die Synapsen-Motten,
und ich hatte nie die Wahl,
sie auszurotten.

Es ist jetzt eine Weile her,
dass ich die erste Motte entlarvte,
von einem ersten Loch gewarnt.
Doch für die Menschen in meiner Umgebung
waren sie längst noch gut getarnt.

Haben meine Kinder spontan reingeschaut,
machte ich noch immer Schupfnudeln und Weißkraut.
Und beim Pudding-Nachtisch
erfragte ich der Enkel Willen:
»Schokolade oder Vanille?«
Manchmal wiederholte ich mich,

weil ich den falschen Eindruck wählte –
weil ich den falschen AUSDRUCK wählte.
Oder machte eine … Zäsur,
weil mir das Fremdwort fehlte.
Ich sagte: »Die Suppe hast du dir eingebrockt,
jetzt musst du sie auch umrühren!«
Oder: »Lass dich ja nicht aufs Parkett führen.«
Na ja, vom Himmel fiel noch keine Niete,
doch Ordnung ist die halbe Miete.
Wie gewonnen, so verloren,
das schreib dir bitte an die Ohren!

Irgendwann stand ich im Supermarkt
und wusste nicht mehr, was ich dort wollte.
Da habe ich den Verkäufer gefragt,
doch der wusste nicht, was das sollte.
Und seitdem wusste ich viele Dinge nicht mehr so gut.
Manchmal fehlten mir dann Wörter
wie Wasserhahn oder Rutschbahn,
drum fragte ich: »Willst du mal das Ding aufdreh'n?«
oder »das da runterfahr'n?«.

Und einmal schaltete ich den Wasserkocher an,
doch das sprudelnde Wasser war schon da.
Ich fragte mich dann,
wer da schneller war.
Und dann vergaß ich leider den Kohl,
der war dann Kohl-e.

Ungefähr zur gleichen Zeit
begann auch die Sonderbarkeit
meiner Kinder.
Sie schauten mich manchmal fragend an
und bewarfen mich dann
mit Blicken aus Steinen.
Sie sagten, »Ach Mama«,
oder fingen plötzlich an zu weinen.

Meine Erinnerungen waren immer das Kostbarste,
was ich hatte,
und mit meinen Geschichten
habe ich nicht ungern geprahlt.
Waren das wohl Teuerste, was ich jemals besaß,
denn für sie hatte ich mit meinem Leben bezahlt.

Es ist nicht so, als hätte ich nicht versucht, sie einzumotten
und mich mit ihnen abzuschotten.
Versucht, sie mit Mottenkugeln zu beladen
und in Lavendel zu baden.
Ja, ich hab mein Gehirn gejoggt,
auf Dutzende Sudokus geguckt,
hab zu Vivaldi gerockt
und Antioxidantien geschluckt.

Doch die Erinnerung verrinnt,
und Geschichten verblassen,
ohne dass sie aufzuhalten sind
und ohne sich konservieren zu lassen.

Gesichter verschwimmen
und Namen verschwinden,
Begriffe entfliehen
und sind nicht mehr zu finden.

Die Löcher werden größer,
die Motten adipöser
und mein Hirn immer poröser.
Und irgendwie verstehe ich so vieles nicht.
Ich höre: »Oma! Oma, nimm das, das ist gut für dich!«
Dabei war's doch immer ich,
die wusste, was gut für mich ist.

Und dann sind manchmal wildfremde Personen
in meinem Haus,
die sagen: »Mutti, du kennst mich doch!«
Aber da sind nur viele Motten und ein großes Mottenloch.
Und die fremden Menschen
zerren mich in fremde Häuser und Zimmer
mit noch mehr fremden Personen.
Und die erzählen mir dann, ich würde dort wohnen.

Dabei weiß ich doch wohl am besten,
wo ich zu Hause bin,
und das ist nicht hier!
Nein, das ist nicht hier!
Nein, das ist nicht hier!
Nein, das ist nicht hier!

»Anton! Anton, komm doch und hol mich ab!«
Ich vermisse meinen Anton,
er ging viel zu früh nach Haus.
Und ich vermisse Alma und Klaus.
Denn die kenne ich.
Ich weiß genau, wie sie ausschauen
und welche Kleider sie tragen.
Wir waren ganz unverfänglich,
immer unzertrennlich.
Wir kletterten auf Bäume
an sonnigen Tagen.
Dort teilten wir unsere Träume
und haben uns den Bauch mit Kirschen vollgeschlagen.

Ja, die kenne ich noch.
Und wird auch mein Gestern immer kleiner,
so weiß ich das doch –
nur, danach fragt mich leider keiner.
Sie fragen: »Wissen Sie, wie Sie heißen?«,
»Und welcher Tag ist heute?«
Sie fragen: »Wissen Sie, wo Sie sind?«
Diese neugierigen Leute.
Und diese Leute sind oft genervt von mir,
und manchmal schreien sie mich auch an,
tragen ihre Reden BESONDERS BETONT vor,
doch sind die Motten nicht in meinem Ohr.

Ich würde diesen Leuten gerne sagen:
»Ich habe die Motten nicht eingeladen.
Und ich vermisse meine Erinnerung. Mehr als ihr.«
Ich würde ihnen sagen, wo die Vergessenslücken wär'n.
Würde ihnen sagen:
»Fragt mich nach dem, was ich noch weiß,
das erzähle ich gern.«
»Lest mit mir Rilke-Gedichte
und Fontane-Novellen.«
»Erzählt mit mir eine Grimm-Geschichte
und zitiert Bibelstellen.«
»Singt mit mir Volkslieder,
meinetwegen die gleichen immer wieder.«
»Macht mit mir Schupfnudeln und Weißkraut.
Auch Pudding können wir essen. Schokolade oder Vanille?«
Denn das ist mir vertraut,
wurde noch nicht angefressen.
Und ich würde ihnen sagen, dass es mir leidtut!
Wenn ich sie anfahre, im Bett nachts aufwache
oder es nass mache.
Wenn ich rufe und schreie, zwölfmal das Gleiche sage
oder immer nach Anton frage.
Ich wollte, dass ihr wisst,
dass mir alles so fremd ist
– am meisten ich selbst.

Und ich hätte »danke« gesagt:
»Danke, dass ihr mich täglich ertragt.«

Das würde ich ihnen sagen,
läge es in meiner Hand,
doch all diese Gedanken
sind längst Mottenland.

Ich heiße Klara,
es ist Mittwochnachmittag,
ich bin in einem Haus auf meinem Kanapee,
und meine Lieblingsblume ist Lavendel.

Zeilen der Zeit
und Reime auf Fall

Fühl mich wie Schnee im Fall
und die Welt im All.
Wie ein Wort im Schwall
und ein Lauf im Stall.

Wie ein Eck im Ball,
wie eine Uhr mit Knall.
Wie Fire mit Wall
und wie Ultra mit Schall.

Vielleicht ein bisschen ferloren.
Vielleicht ein bisschen valsch.

Zum Umzug

Lieber Hagen,

ach Herne, jetzt ist also Jena Moment gekommen:
Du ziehst aus.
Passau Dich auf! Wohin der Weg Dich auch Fürth, Du kannst immer Zürich kommen. Wenn Du Mül heimweh hast, dann Bochum und nimm den Zug nach Hausen. Jever Zeit.

Aber sorg für Dich: Melde Dich schnellstmöglich Ulm. Beweg Dich genug, dann schläfst Du Wien Stein. Wiesbaden geht, weißt Du ja. Und putz Dir immer schön Dein München ab. Vergiss nicht, Deine Blumen zu Gießen, wie wir es besprochen Hamm. Versuch gut zu Essen, denn Gesundheit findet im Darmstadt. Bring keine fremde Frau und keinen fremden Mannheim, und wehe, Du Dresden krummes Ding! Stör Deine Nachbarn nicht, beachte die Karlsruhe und Halle Dir am besten kein Trier im Haus. Lies weiter die Bücher von Stuttgart-Barre, denn von Nichts Chemnitz. Bleib so offen und bunt, damit in der Zukunft Braunschweigt.

Und vor Aalen Dingen denk dran: What doesn't Kiel you makes you stronger – und man Bayreuth meist das, was man nicht tut.
Du kannst Großes Erlangen!
Ich hab Dich Bern!

Melde Dich, wenn's was Neuss gibt. Du bleibst für immer Mainz.

Deine Unna

Eine Tragödie in drei Sätzen

Bezahlen wir zusammen oder getrennt?

Das geht zusammen.

Getrennt.

Im Fahrstuhl

Bevor ich mich verseh
und irgendetwas tu,
passiert's, dass ich im Fahrstuhl steh,
schließt hinter mir die Türe zu.
Doch bevor der Spalt ganz schließen kann,
schlüpfen noch zwei Menschen dann
mit in den engen stählernen Raum,
schüchtern starrend auf ihren Hosensaum.
Unsicher und ungewiss
auf das, was kommt,
bleibt jeder für sich.

Dann spannen sich die Aufzugstricke,
und etwas wird in Gang gesetzt.
Zeitgleich liften sich die Blicke
und Neugierde wird freigesetzt.
Man überwindet Grenzen und sich,
bis man sich nahe steht,
und es wird klar:
Man fährt zusammen jetzt.
Keiner weiß, wie hoch noch
oder wie lang,
und irgendwie hoffen wir doch,
wir kommen gemeinsam an.
Wir teilen Segen und Fluch,
unsere Seelen, ein Taschentuch
und ein paar Seiten im Fotobuch.

Wir geben uns Briefe und Küsse und Lebenssinn,
und sie sagen mir, dass ich besonders bin.
Vom Hut des Mannes tropft noch Regen,
meinem weißen Schuh entgegen.
Eines wird bleiben,
gehen sie auch weg,
präsent auf dem Sneaker:
sein Wasserfleck.
Dann öffnet sich der Türspalt
von der Mitte an den Rand.
Sie gehen, ich bleibe –
mit Tüten voll Spuren in der Hand.

Es ruckelt und knarzt,
und jemand fällt recht ungeschickt
mitten ins erstarrte Sein.
Während ich ihr zugenickt,
nimmt sie es recht lautstark ein.
Meine Achtung wird auf sie gelenkt
und beide Augen ihr geschenkt.
Als sie fast stolpert, hält sie sich
in letzter Sekunde noch an mich.
Dort, wo ihre Hand gelegen,
leuchtet mir des Schweißes wegen
nun wohl ihre Spur entgegen.
Und wohin es mich auch treibt
– der Abdruck bleibt.

Ich denke beinahe, wir sind für immer
in unserem kleinen silbernen Zimmer.
Doch ein Ton erklingt,
und die Tür zeigt einen Spalt.
Keiner wird jünger,
und niemand ist schon immer alt.
Tageslicht strömt ein,
und schon ist sie draußen, da,
so schnell, wie sie gekommen war.

Es ist ein Kommen, ein Gehen und selten ein Bleiben.
In meinem Fahrstuhl herrscht ein stetiges Treiben.
Ein jeder lässt ein Stück von sich,
und jedes Stück verändert mich.

Ich steche mir Tattoos mit Namen
auf meine Herzenshaut.
Und trage ihre Narben
mal leise und mal laut.
Sie zeichnen mich,
sie malen mich um.
Ich kann sie nicht halten
und warte nur stumm.

Manchmal glaub ich nicht mehr dran.
Frag mich, wie oft ein Herz verheilen kann.
Ich wollte immer weg, immer höher, immer mehr.
Doch wenn ein Herz zu voll ist,
ist es bald auch wieder leer.

Ich sammle Orte und Menschen und Zeiten,
und zum ersten Mal will ich einfach nur bleiben.
Denn ich bin müde vom Sammeln,
mir fallen die Augen zu.
Ich brauch einen Ort zum Schlafen
in friedlich vertrauter Ruh.

Ich möchte meinen Fahrstuhl anhalten
und alle Türen verkeilen,
alle Weltkarten zusammenfalten
und einfach kurz verweilen.
Ich will grad nichts entdecken,
muss nicht in die Welt hinein,
will mich kurz mit Vertrauen zudecken
und mal kurz für immer sein.
Lass mich kurz das Licht ausschalten
und mal nicht nach Neuem streben,
nur mal kurz das *Uns* festhalten
und im guten Alten leben.
Ich muss grad gar nicht wissen,
was es sonst noch alles gibt
oder wie man ganz woanders,
jemand völlig and'res liebt.

Ich glaub, ich brauch vorm Weitergehen
manchmal auch das Reglosstehen.
Das Nachschauen und Winken,
das In-Nostalgie-Versinken.

Das Wundenlecken
und Im-Gestern-Leben,
Im-Seerosenteich-Verstecken
und Spuren-Einkleben.

Vielleicht kann ich die Fahrt bald weiterführen
und meine Türen öffnen.
Vielleicht bin ich dann wieder gespannt
auf das, was noch wartet und wer noch so kommt.
Denn das Beste ist noch nicht vorbei.
Und es gibt noch so viel zu pflücken,
es gibt noch so viel zu sammeln
an Erinnerungsstücken.

Ich glaub, das Leben ist Wandel
und ich noch immer hier.
Mein Leben ist ein Fahrstuhl
und ich sein Passagier.

Schwarmintelligenz

Hinter eines Baumes Rinde
wohnt die Termite ohne Kinde.
Doch auch ohne Blutsverwandte,
die aus ihren Eiern sprossen,
hat sie viele Künstlerfreunde,
um nicht zu sagen Art-Genossen.

Es scheint, als sei es so gewollt,
als sollte es so sein,
dass sich Termite und Termite zusammentut.
Und so lebte sie niemals allein.
Gemeinsam jagen und sammeln,
zusammen auf Tour,
und doch bleibt am Ende des Tages
jede in ihrer Spur.
Denn fressen sie sich auch
am selben Blatt satt,
ist es doch so,
dass jede Termite Termine hat.
So nehmen sie täglich den gleichen Weg
über den morschen hölzernen Steg,
den jede mit verbundenen Fühlern noch spürt
und der zum Gipfel der Wipfel
und zum maroden Boden führt.

Bis sich eines Tages,
wohl nach einem Sturm,
die Rinde löst
vom Termitenturm.
Ein Stück bricht heraus,
und Panik bricht aus.

»Das habe ich doch gleich gewusst«,
sagt die Termite ohne Kind,
»dass wir hier auf dem Holzweg sind.«
Die Genossen sind verwirrt, verängstigt und empört,
die Termitentermine werden vollends gestört.
»Ergibt das alles überhaupt noch Sinn?
Woher kommen wir? Und wo wollen wir hin?
Was ist unser Ziel? Und was sollte es sein?
Wie kommen wir wieder raus?
Oder besser: wieder rein?«

Und in all diesem Beklagen,
chaotischen Schwärmen
und Hinterfragen,
entwickelt sich ein Zusammentragen
all ihrer bunten Ideen,
ihrer Intelligenz und dessen, was sie verstehen.
Entwickelt sich schließlich ein neuer Weg,
der nicht nur diesen Bruch umgeht,
sondern – wenn man in Ästhetik misst –
eigentlich viel schöner ist.

Und am Ende dieser Krise der Rinde
trägt die Termite ohne Kinde
ein Schild aus Wipfelblättern
mit großen goldenen Lettern:
»Ob jung, ob alt, ob reich, ob arm.
Niemals nie ohne den Schwarm!«

Weißt du

Weißt du,
dass ich dich manchmal vermisse?
Also nicht so krass,
als ob ich nicht mehr ohne dich zu leben wisse.
Aber schon auf diese Weise,
dass ich denke:
Wie wäre es mit dir an meiner Seite?
Und wie lang ist das jetzt her?
Doch manchmal schau ich hoch
und stell mir vor, wie das wohl wär.
Würden wir einen gemeinsamen Weg laufen,
uns auseinander- und wieder zusammenraufen,
uns ganz vielleicht ein Tandem kaufen.
Bei dem jeder gleich viel investiert
und beide gleich viel erwarten,
bei dem nicht nur einer verliert,
weil beide gleich viel durchstarten.
Weißt du?

Wochenendbeziehung

Ich weiß noch, wie's am Anfang war:
Du dort. Ich hier. Dazwischen wir.
Mal wieder vorbei, mal wieder entzwei.

Und so spüre ich ein weiches Nachtzug-Bett
wie ein folterndes Nagelbrett
unter mir.
Sehe die Gegend,
mehr fliegend als gehend,
vorbeiziehen.
Erhebungen werden flacher
und Gipfelbilder blasser,
weiß wird wieder zu grün.

Und ich sehe ein Zuhause aufzieh'n,
das wohl meines meint,
doch mir nun fremder denn je erscheint.
Denn Heimat hat doch nun
irgendwie mit dir zu tun.
Spüre vertraute Arme,
die sich wie warme
Fesseln um mich legen,
höre die Stimmen, die mir sagen,
dass ich angekommen bin.

Und dann wieder durchs Vermissen quälen,
die Tage zählen
und stündlich deine Nummer wählen,

um doch wenigstens deine Stimme zu hören.
Und um nur kurz zu spüren,
wie sich Grübchen in deine Wangen graben,
musstest du manchmal gar nicht viel sagen.
Wir waren wie ein einsilbiges W-ort,
das, wenn man es zum Trennen zw-ingt,
einfach etwas komisch klingt.
Weil mit dir alles noch ein bisschen bunter war.

Du hast mein Leben angestrahlt,
mit deinem hellen Highlight.
Hast du Momente angemalt,
verloren sie Gewöhnlichkeit.
Denn du maltest mit der buntesten Farbpalette
Lächeln in all meine Gesichter
und streutest auf alltägliche Wolkenhimmel
deine besonderen Lichter.
Weil mit dir alles noch ein bisschen schöner war.

Auf das Wunder der Kleinigkeit
legtest du noch eine Lupe auf,
und auf Giganten im Schneekleid
machtest du noch einen Filter drauf.

Auf meine kleinen i's machtest du Tüpfelchen,
und auf die Sahnetörtchen Häubchen.
Du flektiertest meine Konjunktionen
und steigertest meine Superlative,
und in deinen eigenen Kreationen

maltest du meine Lieblingsmotive.
Weil mit dir alles noch ein bisschen purer war.
Ja, alles einfach cooler war.

Ich wollte drinbleiben, um dich ganz für mich zu haben,
und gleichzeitig rausgeh'n, damit uns alle Leute seh'n.
So hab ich mich ganz aus Versehen
mit deiner Gegenwart versehen.
Und noch bevor ich mich versah,
da sah ich dich –
denn ich hatte mich verguckt in dich.
Ich weiß noch, wie's am Anfang war.
Du dort. Ich hier. Dazwischen wir.

Und du weißt, wie es heute ist.
Ich hab dich lange nicht gehört,
vom Sehen ganz zu schweigen.
Seit wir generell zum Schweigen neigen,
konntest du einmal auf dem Bildschirm nur
dein verpixeltes Lächeln
einen Augenblick zeigen.
Zu mehr als einem Small Talk war
die Zeit dann nicht da.
Doch was auch passieren mag,
Sonntag bleibt unser Tag!
Da reden wir 'ne Runde, versteht sich –
zumindest für 'ne Stunde – ausführlich.
Dann hab ich konzentrierte Zeit für dich,
bin ganz und gar bereit für dich.

Und mal ganz ehrlich:
Ich mach's ja für dich.
Wenn ich den Berg mal beiseitegeschaufelt hab,
mag da bestimmt auch wieder Platz für uns sein.

Doch dann, als ich wieder abtauchen will,
tauchst du neben mir auf.
Du sagst, du könnest nicht nur stille Insel,
sondern auch Flosse sein.
Und Antrieb, Begleiter und Mitstreiter.
Wollest Seite an Seite,
an voller Bandbreite
mit mir schaufeln, bis der ganze Berg weg ist.
Wollest mit mir springen und fallen,
sinken und prallen,
mit mir schwimmen und tauchen,
pauken, bis uns die Köpfe rauchen.
Schuften, rackern, durchbeißen
und so lange reinhängen und dranbleiben,
bis wir nichts mehr zu verlieren haben,
Schwielen an den Fingern
und Blasen an den Füßen tragen.

Und dann willst du mit mir wieder auftauchen,
auf dem teppichbedeckten Treppchen stehen,
den ruhmbefleckten Erfolg genießen,
den Applaus vernehmen,
uns mit Sekt begießen.

Du willst mit mir dann chillend am Strohhalm schlürfen,
und ich werde sagen dürfen –
wieder bei Atem, vielleicht noch leicht verschwitzt,
mit rotem Gesicht, noch leicht überhitzt.
Vielleicht mit verrußten Nägeln
und brennnesselgemarkter Haut,
doch wieder fingerverschränkend vertraut,
vielleicht mit frischen Schürfwunden und Schrammen:
Wir haben's geschafft.
Ganz alleine – zusammen.
Denn ich weiß noch, wie's am Anfang war:
Egal wie viele Das vom Hier,
wie viele Hins und Hers –
die Basis aber waren wir.

Fuck-up-Gedicht
Ein Text für Versager

Es ging an dich Philipp,
mein erstes Liebesgedicht.
Doch du wolltest es nicht.
Dabei waren wir doch wie füreinander geschaffen.
Die beiden Stars der Truppe
aus Silvias Schmetterlingsgruppe.
Das hier geht ans Hinfallen,
und das Gegenlaufen auch,
weil außer mir keiner wusste,
dass ich 'ne Brille brauch.
An den ausgeschlagenen Schneidezahn
und das Immer-noch-mit-Stützrädern-Fahr'n.
Und ja, es geht auch an dich,
lieber Einmaleins-Führerschein,
hätte ich es schon gewusst,
hätte ich dir gesagt:
Mich hat niemand jemals nach dir gefragt.

Es geht an die Bundesjugendspiele in Klasse zwei
und den Vorlesewettbewerb in Runde drei.
Es geht auch an das Geige-Gitarre-Duett,
bei dem ich beschloss, nach dem Schlussakkord
noch ein Solo dranzuhängen.
Es geht an die zahlreichen Aufschläge
auf direktem Wege
ins Netz.

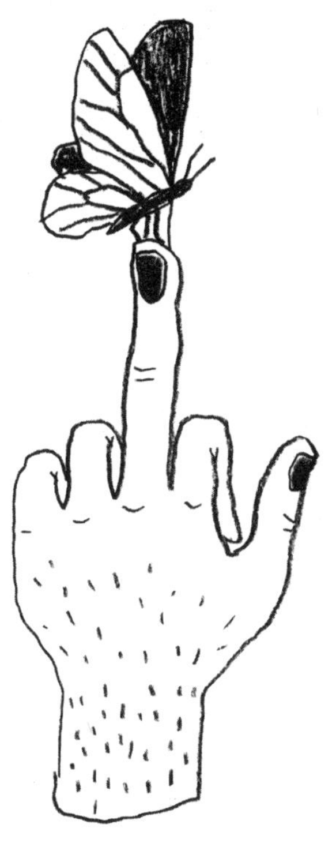

Es geht an die Führerscheinprüfung – die erste –
sowie den ersten Schmatzer
von Auto und Garagenwand.
Und dann mit dem Schild,
an alle folgenden Kratzer
und an das erste Blitzerbild.

An die gebrochene Nase,
die Taschenmesser-Schnittwunden,
diese eine Emo-Phase
und wohl an alle Französischstunden.
An meinen ersten Kuss,
der mich lehrte,
dass man auch das üben muss.
An Kotze und Kater,
Lücken und Aspirinkauf,
an das »wirklich nie wieder«
und den Freitag darauf.
An den Ablehnungsbescheid
und die Nicht-Regelstudienzeit.

Und irgendwie geht's auch an dich,
weil ich feststellte,
dass ich dich etwas mehr mag als du mich.
An den Tag, an dem du sagtest,
dass es so nicht mehr weitergeht,
weil da irgendwas zwischen uns steht,

und dann alles einstürzte
wie eine Burg aus Sand.
An den Spaziergang, den ich spontan verkürzte,
weil ich dir meine Liebe gestand –
und du stumm bliebst.

Danke.
Ihr alle ließt mich werden.
Ich wurde geschliffen, so wie ich hier stehe,
wissend, dass ich euch nur aus der Ferne so sehe.
Und manches ohne Frage
noch schmerzhaft mit mir trage.

»Für Versager«, schrieb ich
dieses Gedicht.
Doch eigentlich, eigentlich gibt es die nicht.
Es gibt ein Ich und ein Du,
und wir versagen ab und zu.
Und weil das am Ende bei jedem so ist,
ist es »für Menschen«, dieses Gedicht.

Ewig und vergänglich

Wenn die Fotoalben überquellen
und trotzdem nicht die Wehmut stillen.
Wenn ich nicht mehr weiß, wohin.
Mit Kindheits-Andenken, Urlaubs-Notizbüchern
und Kisten von Erinnerungsstücken
wie hochbedeutsame Taschentücher
und tote thailändische Mücken.
Wenn ich nicht mehr weiß, wohin.
Mit den sich schon auf dem Balkon
stapelnden Bergen voller Eintrittskarten,
Zugtickets und Kirmesbändchen,
die einst hautnah beim Händchenhalten dabei waren.
Und die ich doch auf keinen Fall wegschmeißen kann.

Wenn ich das Gefühl bekomme,
ich brauche diese Zeugen der Zeit,
weil man zwar vermisst,
aber viel zu schnell vergisst.
Wenn ich nicht mehr weiß, wohin.
Mit all den Tagebüchern,
die zwar die Tage festhalten,
aber niemals diesen Augenblick.
Wenn ich nicht mehr weiß, wohin.
Dann weiß ich,
dass ich ewig und vergänglich bin.

Ich packe meinen Koffer

Ich packe meinen Koffer und nehme mit:
Dich.
Und all die Weißwein-Momente.
Und all die weisen Momente.
Mit dem Guten aus der Pfalz,
denn was anderes kommt dir nicht in den Weinkeller.
Ich nehme mit, den Wodka-E
mit vielleicht etwas mehr W als E.

Ich packe meinen Koffer und nehme mit:
Wie du in mein Zimmer stürmst,
dich auf mein Bett wirfst und sagst:
Diesmal ist es für immer.
Und wie du ein Jahr später am Küchentisch sitzt,
Weißwein mit Tränen verdünnst,
weil *Für immer* schon vorbei ist,
und ich mich neben dich setze,
um ein paar Sätze zu schweigen.

Ich packe meinen Koffer und nehme mit:
Wie wir die Küche zur Tanzfläche erklären.
Wie bei Sonnenaufgang die letzten Gäste
wankend die WG verlassen und wir beschließen,
noch einmal loszuziehen.

Ich packe meinen Koffer und nehme mit:
Dein Gesicht, wenn du Slush-Eis zu schnell
durch den Strohhalm ziehst, und deine Augen,
wenn sie im Radio Natasha Bedingfield spielen.
Und auch die wenigen Sekunden, die es nur braucht,
bis du eine Idee, die dir gefällt, in eine Tat übersetzt.

Ich packe meinen Koffer und nehme mit:
Die Klavierklänge, denen ich still und heimlich lausche,
weil sie sofort verstummen,
wenn du bemerkst, dass jemand da ist.
Das gekonnte Pfeifen, an dem ich immer erkenne,
wer nach Hause gekommen ist, und den Pudding,
der jeden Tag zum Guten zu wenden vermag.

Ich packe meinen Koffer und nehme mit:
Dich, Mich.
So, wie ich immer war,
seitdem ich das Licht und den Schatten erblickte.
So, wie ich bin, mit den Gedanken,
die ein bisschen zu oft
an den Gedanken anderer hängen bleiben.
Mit den Träumen, die manchmal ein bisschen
zu schnell wechseln,
und mit der Begeisterung für ein bisschen
zu viele Dinge.

Ich packe meinen Koffer und nehme Mich mit.
So, wie ich vor einem Jahr
mein Gepäck hier reingetragen habe
und auch die Kisten, die ich seitdem nie geöffnet habe.

Mich, so, wie ich hier ankam,
nur ein wenig verändert vielleicht.
Vielleicht eine etwas bessere Variante von mir,
mit vielleicht etwas gefüllteren Taschen.

Ich packe meinen Koffer und nehme mit:
Dich, Mich, Uns.
Wie gut wir zusammen waren und wie gut wir füreinander waren.
Ich nehme uns mit, weil wir hier nicht vorbei sind.
Die Zukunft hat an uns gedacht.
Also packe ich meinen Koffer
und stopfe uns neben die schwere Leere,
die mein Gepäck fast untragbar macht.

Ich packe meinen Koffer und nehme mit:
Dich, Mich, Uns.
Und damit hab ich viel dabei.
Dich, Mich, Uns.
Und etwas Platz ist noch frei.

Schritte

Für Leo

Du siehst mich,
glaubst an mich,
und du gehst mit.
Du sagst:
Wir machen das wie immer –
Schritt für Schritt.

Kleine Füße und ein erstes Stehen,
erstes Fallen, ein Versuch zu gehen.
Und dann noch einer, der erste Tritt.
Du sagst: Wir machen das wie immer –
Schritt für Schritt.
Weil du mich siehst
und an mich glaubst,
wenn ich's grad gar nicht kann.
Denn auch wenn du meine Augen liebst,
siehst du mich mit deinen an.

Ein erster Tag und viele Blicke.
»Ich bin neu hier. Wer bist du?«
Alle scheinen wen zu kennen,
ich gehöre nicht dazu.
Ich wär gern öfter offen,
doch komme nicht mal aus mir raus.
Wenn der Zauber im Anfang wohnt,
dann ist er heute nicht zu Haus'.

Du siehst mich, glaubst an mich,
und du gehst mit.
Du sagst: Wir machen das wie immer –
Schritt für Schritt.

Es folgen viele erste Tage,
doch besser werd ich darin nicht.
Bald überwiegt das Gehen dem Bleiben
und vages Meinen meiner Sicht.
Ich dachte, wenn ich groß bin,
versteh ich das, was sie mir sagen.
Doch ich werde größer,
und mit mir werden's meine Fragen.
Wer bin ich schon, was will ich noch werden?
Und wo möchte ich hin?
Und wer soll dann bei mir sein,
wenn ich am glücklichsten bin?
Du siehst mich,
glaubst an mich,
und du gehst mit.
Du sagst: Wir machen das wie immer –
Schritt für Schritt.

Also weitergehen.
Auf hellen Alleen.
Auf gewischten Fliesen, durch hohe Arkaden,
über Rindenmulchböden auf wackligen Trampelpfaden.

Manchmal sind die Schritte klein,
so winzig, dass sie untergehen,
und manchmal lege ich 'ne Pause ein,
um mich in Ruhe umzusehen.

Manchmal gehe ich ein Stück zurück,
wenn ich was verloren habe.
Und manchmal lasse ich was liegen,
wenn ich damit zu schwer trage.
Und manchmal weiß ich selbst nicht,
ob ich mich noch bewege.
Und manchmal muss ich auf mich warten,
bevor ich meine Beine wieder hebe.
Du siehst mich,
glaubst an mich,
und du gehst mit.
Du sagst: Wir machen das wie immer –
Schritt für Schritt.

Und weil du Willkommensbriefe
mit meinen Abschiedstränen schreibst,
laufe ich – zwar nicht gerade –,
doch ich darf gehen, weil du bleibst.

WENN ES LAUT SEIN MUSS

»Wir sind kurz mal falsch abgebogen«,

erklingt der Lokführer durch die Lautsprecher
und weiß nicht,
wie poetisch er für mich klingt.

Freiheit

Ich darf mittenrein,
darf etwas dazu sagen.
Ich darf mitentscheiden,
und ich kann die Folgen tragen.

All inclusive

»Ich hab doch all-inclusive gebucht«,
sag ich im Wartezimmer, so mittellaut.
Ich habe kurz mal in die *Gala* geschaut.
Die war wohl wie von Geisterhand
hier in meine Hand gelangt.
Die Frau neben mir blickt von ihrer *Brigitte* kurz auf,
fixiert mein Gesicht mit stählernen Augen,
schleudert Irritation darauf,
senkt wieder ihre Braue.
Ihr Blick sagt: »Das muss doch nicht sein.«
Und da hat sie recht, das muss wirklich nicht sein.

Warum müssen wir allem immer Namen geben?
Verschwimmende Grenzen einfrieren,
uns schnellstmöglich abheben
und alles einsortieren?
Ein kleines Regal für Normalitäten
und eins für die, die nicht reinpassen.
Eins für die Systemerwählten,
eins für: Wen wir draußen lassen.
Dann Etiketten drucken,
alles ordentlich beschriften,
luftdicht verschließen
und niemals je den Deckel lüften.
Nur ja den Überblick bewahren
und rechtzeitig zur Dose hin,
wenn andere mal anders war'n,
als ich es vielleicht bin.

Ich blicke zur *Brigitte*-Dame nebenan,
die mich jetzt vertikal abcheckt.
An welchem Regalbrett ist sie dran?
In welche Dose wurde ich gesteckt?
Störer, Kapriziöser, Skurriler,
Zum-Fremdschämender, Infantiler?

Mir ist die *Gala* inzwischen egala geworden.
Genau wie die Boxen und Dosen,
in denen ich stecke.
Ich falte die Illustrierte zu
und bin ein bisschen froh,
weil ich weiß: Die Welt ist nicht so.
»Stimmts, Brigitte?!«, sage ich, als ich aufstehe
und geraden Rückens aus dem Zimmer gehe.

Ich mag's, zu irritieren,
und darf auch manchmal nerven.
Und vor allen Dingen wohl
mag ich Dosenwerfen.
Denn egal, wie viele Namen
versuchen, uns zu rahmen,
werden sie still und rot
vor einem bleibenden Satz:
Du bist hier, genau richtig
und Du hast einen Platz.

Farben

Du bist einer von uns, in einem bunten Land,
und nenn ich dich Mensch, hab ich die Farben erkannt.

Ich bin mehr als weiß und keine von vielen.
Ohne Ahnung vom FCB oder VW
ist es so, dass ich mehr auf Wein als auf Bier steh.
Pünktlichkeit ist bei mir nicht ganz so der Punkt.
Um genau zu sein, hab ich mich zu oft vermessen –
und wenn ich ehrlich bin,
hab ich noch nie eine Weißwurst gegessen.

Ich bin mehr als Geld, viel mehr als das.
Ich bin mehr als meine Sprache und mehr als mein Pass.
Lass mich dir meine Farben zeigen,
die ungeduldig im Inneren ruhen.
Lach mit mir ganz ausgelassen,
so wie es diese »Menschen« tun.
Sieh *mich*
und nicht, was du glaubst, über mich zu wissen.
Sieh mich,
bevor sie mich verkennen und ihr Urteil über mir hissen.

Ich bin mehr als weiß und keine von jenen.
Und du bist mehr als schwarz und keiner von denen.
Wir sind kein dort und hier,
sondern ein Wir.

Wir sind ganz unzufällig
aus gleicher Künstlerhand,
die uns ganz selbstgefällig
gleichermaßen großartig fand.

Wir zweifeln. Täglich. Und ganz ohne Grund:
an der Welt, an Gott und vor allem an uns.
Wir stehen auf Boxen und Schubladen,
auf Noxen und Selbstschaden.
Wir wollen überleben und leben,
geliebt sein und lieben.
Und sind im täglichen Streben
in den menschlichen Trieben
nach dem Glück auf Erden.
Und kurzum will jeder gesehen werden.
Ich will jetzt damit beginnen,
meinen Blick zu stören,
und vor allen Dingen,
damit nie aufzuhören.

Denn du bist einer von uns, in einem bunten Land,
und nenn ich dich Mensch, hab ich die Farben erkannt.

Ungepflegt

»Du arbeitest in der Pflege? Also ich könnte das ja nicht.«

Okay. Ja.
Es gibt Wochenenddienste
und Schichten an sich.
Homeoffice und Gleitzeit
sind eher unüblich.
Ich werde gekniffen, bespuckt und berotzt,
ich bin manchmal ganz unmetaphorisch angekotzt.
Hab mich verrenkt und verhoben
trotz allem Kinästhetik-Wissen,
hab mit dieser Hand schon zahlreiche Zäpfchen geschoben –
und manchmal ist alles beschissen.
Wir werden geduzt, belästigt und gnadenlos ausgenutzt.
Nicht nur einmal hab ich mir gewünscht,
dass der Tag nie begonnen hätte.
Wir sind oft die Allerletzten der Nahrungskette,
denn die Klinikstruktur gleicht immer noch gerne
am ehesten einer Kaserne.
Wenn unsere Mitbewohner nach Hause kommen,
stehen wir gerade auf.
Und oft sind durchzechte Nächte:
Arbeit im Krankenhaus.
Wir werden unterbesetzt unterbezahlt,
zur Genügsamkeit bequatscht,
und von den blanken Bundesbalkonen
dafür dann auch noch beklatscht.

Ich stehe ganz am Anfang
und war schon manchmal am Ende.
Und oftmals, da fragt man mich,
ob ich nichts Vernünftiges fände.

Aber – ich hab auch schon 100 Jahre alte Hände gehalten
und berührte Legendenhaut.
Hab in erleichterte Gesichter
und dankbare Augen geschaut.
Ich hab die letzten Szenen großer Menschen gesehen
und durfte mit den Kleinsten die ersten Schritte gehen.
Mal hörte ich den allerersten Lebensschrei,
und mal war ich beim letzten Atemzug dabei.
Ich sah, wie Menschen heilten –
von außen und von innen –,
und konnte mit ihnen Schlachten
gegen die Krankheit gewinnen.

Ich schaute in Körper hinein,
sah, wie ein Herz pulsiert,
wurde fasziniert vom Wunder Mensch
und wie alles funktioniert.
Manche Tage gehen subkutan
und bleiben wohl für immer erhalten.
Manche Augenblicke verstehen es,
mein Großhirn umzugestalten.

Denn ich lerne.
Ich lerne, dass Menschen immer werden,
und jeder wurde geprägt.
Und dass jede Person auf Erden
irgendein Päckchen trägt.
Ich lerne: Wie man es in das Zimmer hineinruft,
so schallt es auch meistens zurück.
Und manchmal ist eine Minute nur zuhören
das größtmögliche Glück.
Ich lerne, Menschen zu scannen
in der Drei-Ebenen-Sicht,
von kranial nach kaudal,
von ventral nach dorsal
und auch mit Pupillenlicht.
Ich lerne, genau hinzuschauen,
beginnend bei den Augenbrauen,
bis runter zu den Waden –
und manchmal auch bis hinter
die mächtigsten Fassaden.
Ich kann meinen Namen gut sagen,
denn ich stelle mich täglich neu vor.
Ich lerne, nicht alles persönlich zu nehmen,
und weiß: Manchmal bleibt nur Humor.
Ich lerne, meine Meinung zu äußern
und dass ich meine Beobachtungen wichtig find.
Dass Chefärzt:innen keine Götter
und nicht unfehlbar sind.

Ja, ich lerne ein bisschen, was Menschsein ist.
Denn zerfällt auch ein Körper schon
und schwinden Organe,
verliert man Haltung und Konvention
und all die Kraft, die momentane,
wird man auch verrückt genannt
und chronifiziert
oder hoffnungslos austherapiert,
entgleiten auch Lebenslust
und jedwede Höflichkeit,
geht auch Charakter verloren
und jede Fähigkeit,
wenn auch Sprechen, Bewegen
und das Gedächtnis gehen –
so bleibt doch der Mensch
in allem bestehen.
Und weil ich all das mühsam lerne,
will ich es nicht vergessen müssen.
Ich will mir meine sehenden Augen
nicht vom Zeitdruck rauben lassen
und meine verstehenden Ohren
nicht vor Personalnot ertauben lassen.
Ich will mit meinem Gehirn denken dürfen
und es nicht ausschalten für klingende Kassen.
Ich will mit meinem Herzen fühlen,
es nicht vom Ärger betäuben lassen.
Meine Verantwortung sei mir stets bewusst,
und wohin Unachtsamkeiten führen.

Und hab ich mal keine Lust,
soll mein Patient das niemals spüren.

Aber solange du denkst,
dass ich nur Arsch abwische
und Sälbchen schmiere,
Bettchen mache
und dem Arzt assistiere –
werd ich das nicht können.
Ich werde Fehler machen
und Dinge übersehen,
werde Medikamente vertauschen
aus Versehen,
und vor allem werd ich gegen mein Gewissen
handeln müssen.
Denn wir sind auf Kante genäht,
und es wird nicht besser.
Und jede Pflegekraft, die geht,
reißt das Loch nur noch größer.

Jeder weiß das,
und nichts passiert.
Und so verliert
weiter die Menschlichkeit.
Und *ich* frag mich,
was eigentlich *noch* kommen muss.

Pflegen ist nicht sexy,
und Pflegen ist nicht weiblich.
Pflege passiert nicht nur für Nächstenliebe,
denn davon kann ich meine Miete nicht bezahlen.
Pflegen ist existenziell und außerdem toll,
Pflegen ist generell und anspruchsvoll.

Du sagst, du könntest das ja nicht.
Ich sag: Wir auch nicht.
Nicht. So.

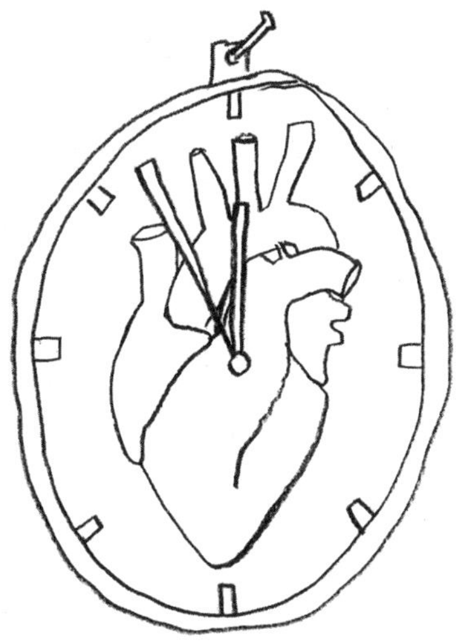

Ein Gelübde
Oder Florence Nightingale 2.0

Hiermit gelobe ich feierlich,
dass ich mich, solange ich lebe,
an das *Schülerinsein* erinnern werde.
Dass ich eher zwölfmal nach dem Namen frage,
als dass ich »der Schüler« sage.
Ich will niemals Klingeln wegnehmen
und niemals einfach gehen,
und wenn ich einen Fehler mache,
will ich dazu stehen.
Ich gelobe feierlich, niemals auf Warum-Fragen
»Haben wir schon immer so gemacht« zu sagen.
Mitdenken fördern sei stets mein Ziel,
niemals will ich sagen: »Frag nicht so viel.«
Ich will nicht schlecht über Kollegen reden,
wenn diese den Raum verlassen.
Und mich von Patienten-Vorurteilen
niemals ungefiltert leiten lassen.
Und ich gelobe feierlich:
Ich achte auf mich.
Ich mache Pausen und springe nicht immer ein.
Ich werde meine freien Tage nutzen
und muss nicht immer verfügbar sein.
Ich werde die Höhe des Bettes an meine anpassen,
meinen Rücken trainieren
und mir auch mal helfen lassen.

Und ich gelobe feierlich,
wenn ich beginne,
grantig zu werden und die Jahre bis zur Rente zu zählen,
keine Zeit zu verlieren
und einen anderen Job zu wählen.

Ich weiß, ich werde sie nicht immer schaffen,
all die ehrenwerten Sachen.
Doch ich denke: Ohne Wollen,
da gibt es auch kein Machen.

Zart/bitter

Du bist so süß.
Du bist das Köstlichste in den ekligsten Momenten.
An deiner Tafel
trocknen meine Kummertränen,
und in deiner Zärtlichkeit
verstummt mein Sehnen.
Mit Silberfolie verbindest du meine Vermissenswunden,
und du verriegelst meine Kellerstunden.

Du hilfst mir beim Denken,
wenn ich glaub, mir fällt nichts mehr ein.
Und weiß man mir nichts zu schenken,
wirst du mir immer genug sein.
Du hast Kanten und Ecken,
doch bist ganz weich beim tieferen Blick.
Du hast zwar dein Fett,
und bist dennoch nicht dick.
Du hast manchmal einen an der Waffel
oder gehst mir auf den Keks,
doch mit dir im Gebäck,
bin ich stets gern unterwegs.

Im Herzschmerz bist du mein Vitamin,
denn du bist für Überraschungen gut.
Du erquickst mein Dopamin,
wenn dieses mal ruht.

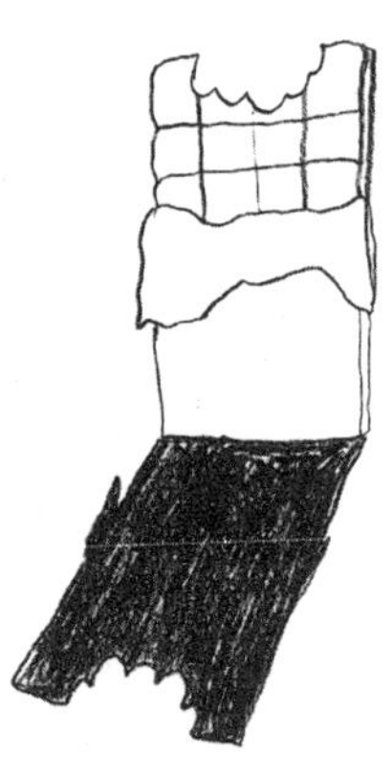

Ich schwärme für dich
wie für den Nektar die Bienen,
denn mit dir ist das Leben
wie eine Schachtel Pralinen.

Ich liebe deine Vielfalt
und besonders deine dunklen Seiten.
Du bist unwiderstehlich, und bald
verleihst du mir neue Weiten.
Habe ich dich bei mir,
wirst du nicht lange verweilen,
und bist du auch nichts Festes,
will ich dich nicht teilen.
Ich schmecke dich gern –
und das verleiht dir wohl den Sinn,
denn komme ich dir ganz nah,
schmilzt du dahin.

Vielleicht übertreibe ich dich beizeiten,
denn du hast lauter Schokoladenseiten.
Ich will dir heute mal sagen:
Schön, dass es dich gibt,
du Lebensmittelkrone.
Doch woher du kommst,
interessiert nicht die Bohne.

Denn wenn morgens halb zehn in Deutschland
näher rückt,
wird an der Elfenbeinküste Kakao gepflückt.

Wir finden's quadratisch und praktisch,
als sei's so gedacht –
und so ist für uns ganz unironisch
Kinderschokolade von Kindern gemacht.

Doch die Bohne wächst zweifelsohne
fernab unserer Klimazone.
Und wenn da unten im Afrika Verbrechen geschehen,
muss ich das nicht wissen und vor allem nicht sehen.
Was ich will. Ist. Mein. Nutellabrot.
Doch mein heiß geliebter Kamin-Kakao
kann Spuren von Kinderhänden enthalten.
Und für *mein* Stracciatella-Eis
galt schon längst ein and'rer Preis.
Mein Gebäck für den guten Zweck
unterstützt weltweit die Sklavenarbeit.

Die Kolonien sind Geschichte, so irrte ich.
Wir sagen: »Merci, dass es dich gibt«,
und sind weiter blind verliebt.
Unsere erbarmungslosen Arme wurden länger
und Wege undurchsichtiger,
Sklavenarbeit wurde falscher und für uns richtiger.
Und die wohl längste Praline,
die ihr Versprechen hält,
ist eines der größten Verbrechen der Welt.

Menschen werden ausgebeutet und versklavt,
und während Menschen noch immer ungestraft
nicht wissen, was sie tun,
wissen es andere ganz genau.
Weil wir uns mit braunem Gold
ahnungslos begießen
und so auf fremde Kosten
geschmacklos genießen.

Denn jeder sieht sich selbst am Ziel,
und jeder will
ein Stück vom Schokokuchen.
Wir stehen noch immer auf Geld
und unseren erkrankten Konsum.
Kinder gehen noch immer aufs Feld
anstatt in die Schulen.
Doch du bist nicht du, wenn du billig bist
und dich deine Eltern verkaufen.
Du teure Arbeit erbringst,
doch sich die Gelder verlaufen.
Zu den Konzernen, die sich trauen, hart zu sein,
und guten Freunden ein Küsschen geben,
doch dir zum Leben
weniger als einen Euro Stundenlohn.
Du bist nicht du, wenn du billig bist,
du anstatt ganzen Zahlen
Kakaobohnen teilst.

Und du anstatt Pythagoras,
ohne zu wissen, mit was,
Pflanzen mit Giften behandelst.
Damit Regenwald unwiederbringlich vergeht
und halt immer mehr Platz für die Bohne entsteht.

Doch statt Tränen fließen Schokobrunnen,
und wir kaufen weiter ein,
denn alle Menschen können wir nicht retten,
und so schlimm wird's schon nicht sein.
Und so bleibt es für den einen weiter zart
und für den andern weiter bitter,
weil der eine gerne spart,
und dabei verdient ein Dritter.

Doch wir können anders und das.
Und jede faire Tafel verändert was.

Ich will nicht auf dich verzichten
und deshalb wissen, woher du bist.
Wie du dort behandelt wurdest
und was deine Geschichte ist.

Denn ich will keine dunklen Flecken,
wenn ich auf deine Vita schau.
Du sollst endlich allen schmecken,
ansonsten sag ich: »Ciao, Kakao.«

So wirklich hell ist es nicht

So wirklich hell ist es nicht.
Also Sonne, geh auf hinter der Stadt
und beginne den Tag
mit 3,8 x 10^{26} Watt.
Bestimme das Ende der Nacht,
sei der Treibstoff der Saat
und brenne für alle Zeit
mit deinen 5000 Grad.
Sie trocknet Fluten,
setzt ganze Wälder in Brand,
sie färbt Winterhaut rot,
formt das Wüstenland.
Doch so wirklich hell ist es nicht.

Die Sonne sei nur ein Zwergstern
zwischen eklatanten Leuchtgiganten,
die die dunkelsten Stellen
jeder Nacht erhellen.
Sie sollen Größen erreichen,
die mit nichts zu vergleichen sind
und wie ausgedacht klingen,
damit sie jede Vorstellungskraft an ihre Grenzen bringen.
Es werde das All
und all das.
Es werde Vollmond und Lagerfeuer,
es werde Scheinwerfer mit Bewegungsmelder,
es werde dauerhaft Flutlicht.
So wirklich hell ist es nicht.

Ja, die Erde ist wüst und leer,
und es ist finster auf der Tiefe.

Es werde Frühling und Vogelgesang,
es werde Meere und Wellengang,
es werde Wale und Seetang,
Stimmband- und Saitenklang.
Es werde Grübchen und Sommersprossen im Gesicht.
So wirklich hell ist es nicht.

Es werde Wälder bis zum Horizont
mit dichtem Geäst
und wippenden Wipfeln,
es werde bunte Berge
mit weißen Gipfeln.
Es werde Erdbeere,
Mango und Ananas.
Es werde Nusseiskugeln,
die in der Sonne schmelzen.
Es werde Familienpizza
mit extra Pilzen.
Und es werde Rhabarberkuchen
mit Streuseln und mit Puddingschicht.
So wirklich hell ist es nicht.

Ja, die Erde ist wüst und leer,
und es ist finster auf der Tiefe.
Denn die Sonne geht auf hinter Stacheldraht,
der den einen Menschen vor dem andern bewahrt.

Sie zeichnet Schatten von Panzern
in saftiges Gras
und spiegelt sich wider in gebrochenem Glas.
Frühlingsduft mischt sich mit verbrannter Luft,
und im rot gefärbten Morgenhimmel
sieht man zwischen leisen
lila Wolken
Kampfflugzeuge kreisen.
Im Mondschein laufen Boote voll.
Und während Sternschnuppen ganz friedlich fallen,
hört man Schüsse hallen,
sieht man Menschen auf Menschen schießen,
während sie selbst gemachte Grenzen schließen.
So wirklich hell ist es nicht.

Sie nehmen so viel, anstatt zu schenken.
Sie machen so viel, ohne zu denken.
Sie sagen so viel, ohne zu meinen.
Sie verbrennen so viel, anstatt zu scheinen.
Sie kämpfen so viel, und sie lieben so wenig.
Doch ich glaube an sie.
Weil sie Zwergsterne sind,
die Potenziale tragen.
Ja, die für die ganze Erde
genügend Leuchtkraft haben.
Ich glaube an sie.
Denn ich machte zum Leuchten nicht nur Gestirne –
ich machte helle Köpfe, Verstand und Gehirne.

Ich gab Vernunft und Empathie
und grundlose Freundlichkeit.
Ich gab Ideen und Fantasie,
Mitleid und Barmherzigkeit.
Ich gab große Freude am Kleinen
und nützlichen Alltagshumor.
Ich gab Rührung, wenn andere weinen,
und das »Gehen Sie doch bitte vor«.
Ich schuf sehende Augen und warme Arme.
Ich machte Gastfreundschaft und Großzügigkeit,
Gestaltungskraft und Gemeinsamkeit.
Ich machte Fremdenliebe und Verbundenheit –
ja, ich legte sogar mich persönlich in sie hinein,
denn jeder und jede sollte göttlich sein.
Man spricht viel über mich,
was ich will und wer ich bin.
Doch was ich bin, ist Liebe –
vielleicht reicht das zu Beginn.

Die Erde ist wüst und leer,
so wirklich hell ist es nicht.
Ja, es ist finster auf der Tiefe.
Es werde
Licht.

WENN ES STILL WIRD

»Jedes Puffersystem hat irgendwo
eine Kapazitätsgrenze«,

sagt der Biochemie-Dozent und weiß nicht,
wie poetisch er für mich klingt.

Stille Nacht

Wie kann eine Nacht so still sein?
So gefüllt mit Sprachlosigkeit,
mit stummem Protest.
Alle Sätze längst verhallt,
über das, was sich nur fühlen lässt.
Alles wurde längst erzählt,
alles wurde längst gesagt –
und trotzdem keine Antwort
auf die Fragen, die ich hab.

Und ich hab Fragen.
Alles schläft, einsam wacht,
und wie ein Kind frag ich repetitiv
ohne Pause: warum?
Und nenn mich naiv,
aber warum
sorgt sich niemand drum?

Und ich hab Fragen.
Wenn sie sagen, sie hätten nicht weggeschaut,
sie hätten nur nicht insbesondere hineingeschaut.
Sie sagen uns, das sei ein Doppelwumms.

Ich hab Fragen.
Wie kann eine Nacht so still sein?
Ich schreib mir weiße Zeilen
auf weißes Briefpapier,
denn alles, was ich lesen könnte,
glaub ich nicht mal mir.

Hab mir die Zunge verbrannt an Worten,
die viel zu lange dort lagen.
Doch auch wenn ich wollte,
ich könnt sie nicht sagen.
Hände bleiben auf Mündern,
Lippen schweigen bei Hymnen,
und alle Zeit dieser Welt reichte niemals aus,
machten wir Schweigeminuten daraus.
Wie kann eine Nacht so still sein?

Und jetzt steh ich hier wie letztes Jahr,
ich weiß noch, wie verwirrt ich war,
und glaubte, nächstes Jahr wird alles besser.
Es ist Nacht, und es ist still,
doch fühlt sich so wenig heilig an.
Ich weiß nicht, was ich denken will,
und nicht, was ich noch glauben kann.
Lass uns gemeinsam nichts sagen,
denn Worte hab ich noch immer nicht.
Doch lass uns die Hoffnung noch tragen,
dass eines Tages die Stille bricht.

Die Leisen

Viele Menschen sind sehr laut
und auch gut auf ihre Weisen.
Doch ich hab mich umgeschaut
und ich mag auch gern die Leisen.

Viele Menschen sind sehr laut,
sich beim Reden selbst genug,
dabei ist, was sie da sagen,
manchmal gar nicht mal so klug.

Viele Menschen sind sehr laut,
dadurch greller und bekannter,
dabei ist das Unsichtbare
meist sogar noch interessanter.

Viele Menschen sind sehr laut,
aber laut ist nicht gleich wichtig.
Und vor allem ist, was jeder hört,
gar nicht automatisch richtig.

Viele Menschen sind sehr laut,
überschreiben gern die Welt,
dabei sind die Zwischenzeilen,
das, was dann am Ende zählt.

Quiets, run the world!
Run the stages and the mic!
Quiets haben was zu sagen,
und das hier ist uns're Zeit.

Land in Sicht

Und dann finde ich mich hier
nach dem Rennen und Hasten.
Noch verschwitzt und noch gezeichnet
von den Wünstenwanderschaften.
Meine Füße sind müde,
meine Augen, die sind satt,
meine Seele ist hungrig,
weil sie genug von Fast Food hat.
Sie ist grell und sie ist trocken,
die Sahara aus Asphalt.
Sie ist hell und heiß am Tage,
und die Nacht ist einsam kalt.
Immer laut und voll und on.
Sie ist schnell und pausenlos.
Diese Gobi aus Beton,
sie ist platt und grenzenlos.
Sie ist schmutzig
und auch dornenreich,
und jeder hier ist
so individuell gleich.

Und dann finde ich mich hier.
Sehe alles Grün, das ich kenne,
auf einen einzigen Blick.
Felder, stolz in Rapsgelb gekleidet,
als wäre das besonders schick.

Ich sehe frisch gestrichene Bäume,
höre den Klang von Wind im Geäst,
sehe Nachbarn, plaudernd an Zäunen,
und ein Plakat vom Feuerwehrfest.

Ich lasse meinen Blick gleiten
und spüre den Horizont nah.
Es scheint nicht so viel passiert,
seitdem ich zuletzt hier war.
Es scheint, als passiere hier
nicht allzu viel allgemein –
und das scheint hier irgendwie
genau so okay zu sein.

Es scheint, als habe ich
hier eigentlich gar nichts verloren.
Doch hier finde ich mich,
denn hier bin ich geboren.

Mucksmäuschenstill

Ich stehe, beobachte,
schweigend am Rand.
Trage laute Zeilen in den Augen
und große Wörter in der Hand.

Ich hab was in Kameras gesagt,
war auf Großbildschirmen zu sehen,
wurde in Talkshows befragt,
konnte aufrecht im Spotlight stehen.

Doch wenn ich jetzt hier
nur ein Wort sagen will,
bleiben Lippen lautlos liegen,
wird es mucksmäuschenstill.

Blaupause

Zeit für eine Blaupause,
um zu sehen, wo ich bin,
und um wieder zu erkennen:
Wo will ich als Nächstes hin.

Nichts als Meere und Himmel
und die Linie dazwischen.
Ein paar Boote in Marin
über Dorie-Doktorfischen.

Heute trage ich Türkis
und steck mir Veilchen ins Haar.
Wir trinken Powerade und Gin
und sitzen einfach nur da.

Es ist Schlumpfeis-Wetter,
und das gilt's zu zelebrieren,
während du versuchst, auf deiner Nase
Heidelbeeren zu balancieren.

Ein paar Tage Salz auf der Haut
und etwas Sand in den Schuhen
helfen Gedanken beim Schweifen,
helfen Fragen beim Ruhen.

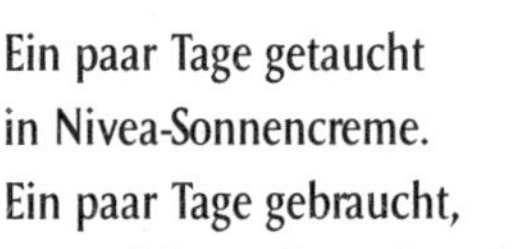

Ein paar Tage getaucht
in Nivea-Sonnencreme.
Ein paar Tage gebraucht,
um auf den wahren Grund zu sehen.

Um mich abzugleichen,
ein paar Tage in Azur.
Ich mach heut mal blau.
Ein paar Tage nur.

Zeit für eine Blaupause,
um zu sehen, wo ich bin,
und um wieder zu erkennen:
Wo will ich als Nächstes hin.

Mal angenommen. Ein Naturschauspiel

Mal angenommen,
es gäbe ein Drehbuch
auf der Bühne der Natur.
Und wir verstünden ihre Sprache
und hörten sie nicht nur.
Wann immer wir im Theater
draußen zugegen sind,
spielt es mit Flüstern, mit Rauschen,
mit Säuseln im Wind.

Mal angenommen,
der Ozean hätte zu sagen:
Du bist wichtig
wie jeder Tropfen im Meer.
Ohne Tropfen gäb's kein Wasser
und ohne Brückenbindung gar nichts mehr.
Du bist Teil von etwas Großem,
auch wenn man das nicht immer fühlt,
und du kannst Wellen schlagen,
wohin es dich auch spült.

Mal angenommen,
der Berg sollte sagen:
Das meiste ist größer als du.
Überschätz dich nicht, Kleines,
sei still und hör einfach mal zu.
Niemand auf der Erde da unten
ist jemand, der alles gleich kann.

Und jetzt schau dir deine Sorgen
noch mal von hier oben an.

Mal angenommen,
der Wald hätte zu sagen:
Alles ist in Verbindung.
Scheint's auch gerade verschoben,
so brauchen wir doch einander
so wie der Baum den Boden.
Wie der Pilz den Baum
und wie das Reh das Geäst.
Wie der Nussbaum die Eichhörnchen braucht
und der Kuckuck ein Nest.

Mal angenommen,
die Sterne hätten zu sagen:
Es gibt noch so viel mehr.
Da ist so viel, was wir nicht wissen,
im All und auch auf Erden.
So viel, was wir nicht sehen,
was wir niemals sehen werden.

Mal angenommen,
all das stünde im Skript.
Dann wäre der Autor genial,
und ich säße mindestens regelmäßig
in der ersten Reihe im Saal.

Mal angenommen,
diese Rollen lägen ihnen auf.
Dann würde ich sagen: Den Text
haben sie schon drauf.

Sterbebett

Man spricht von einem Tunnel
und ganz am Ende Licht.
Doch ich für meinen Teil
teil diese Sicht noch nicht.

Ist eher wie ein Loch,
vor dem ich starrend steh.
Ich sehe, wo ich bin,
und weiß nicht, wohin ich geh.

Und ja, es wäre schön,
wenn da innen drin was ist.
Was Friedliches, was Warmes,
gern auch laut mit Strobolicht.

Vielleicht auch was mit Sonne,
und dann noch was mit Schnee,
auf jeden Fall mit Kuchen
und Zimt und Ingwertee.

Und ja, es wäre schön,
dort Menschen noch zu sehen.
Um sie noch mal zu fragen,
um doch noch zu verstehen.

Ja, es wäre schön:
Ein Ort ohne Hast, ohne Zeit.
Ein Ort ohne Drinnen und Draußen.
Ein Ort ohne Unnahbarkeit.

Ein Ort ohne Flucht, ohne Fluchen,
und auch ohne Abschied und Streit.
Ein Ort mit mehr Du
und weniger Ich
und ganz ohne Mächte und Neid.

Und ja, es wäre schön:
Ein Ort mit ein wenig mehr Wir.
Doch wenn wir uns so danach sehnen,
warum ist der Ort nicht schon hier?

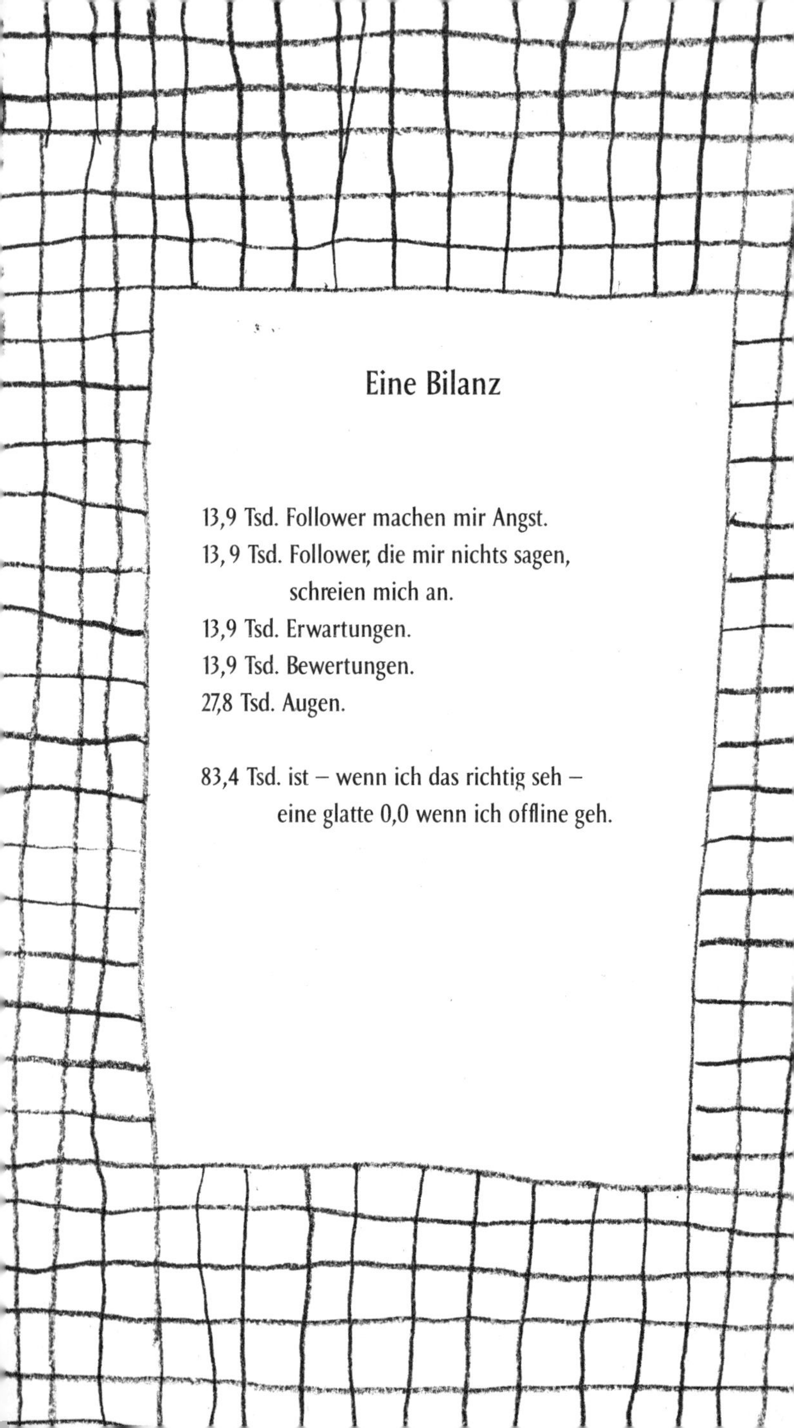

Eine Bilanz

13,9 Tsd. Follower machen mir Angst.
13, 9 Tsd. Follower, die mir nichts sagen,
schreien mich an.
13,9 Tsd. Erwartungen.
13,9 Tsd. Bewertungen.
27,8 Tsd. Augen.

83,4 Tsd. ist – wenn ich das richtig seh –
eine glatte 0,0 wenn ich offline geh.

Trotzdem
Ein Adventsgedicht

Er kommt trotz all des Strohs
in Krippen und Köpfen.
Er kommt ganz einfach so
trotz der Grippen und Seuchen.

Er kommt trotz schwarzer Stimmung.
Trotz leerem Hoffnungsreservoir.
Trotz der kranken Gedanken.
Trotz des Vermerks »Suizidgefahr«.

Er kommt trotz schlafloser Nächte.
Trotz der Wunden am Unterarm.
Kommt trotz versteckter Flaschen.
Trotz unausgesprochener Scham.

Er kommt trotz triefender Einsamkeit.
Trotz Sorgenfalten im Gesicht.
Er kommt trotz der Gräben und Mauern
von *ich bin geimpft und du nicht.*

Er kommt trotz schwerer Herzen.
Trotz restloser Müdigkeit.
Er kommt trotz Vermissen und Sehnen.
Trotz schweigender Unverständlichkeit.

Er kommt trotzdem
und trotzt mir.
Er kommt, wird nicht gehen.
Ist schon hier.

SONNTAGSGEDICHTE

»Es ist Wochenende, Liebes.
Warum gehen Sie nicht tanzen?«,

sagt die 92-jährige Patientin und weiß nicht,
wie poetisch sie für mich klingt.

Ein erstes Sonntagsgedicht

He.
Willst du mal mit mir Kaffee trinken
oder Strümpfe stricken?
Willst du mit mir den Wolken winken
oder Fußballkicken?

Bis zum Schluckauf weiterlachen
oder einfach schweigen?
Willst du mit mir den Abwasch machen
oder Flagge zeigen?

Was wir tun und wo wir sind,
ist mir einerlei.
Was ich sichtlich wichtig find:
Du bist mit dabei.

Ein zweites Sonntagsgedicht

Das Glück der Erde
liegt auf dem Rücken der Berge.
Was vorher noch groß war,
wird hier umdefiniert.
Und was vorher noch schwarz war,
ist nur noch grau meliert.
Mein High-Volume-Leben
wird hier auf *mute* geschaltet
und meine klein geknickte Welt
auch mal wieder aufgefaltet.
Manchmal, da fragt man sich –
und dieser Tag erinnert mich.

Ein drittes Sonntagsgedicht

Zwischen haltlos überfordert
mit der Menschen Schall und Rauch
und dem schmerzlichen Vermissen
dessen, was ich wirklich brauch,
ist es mit der Welt wohl so
– nehme ich ganz nüchtern hin –,
dass ich von Zeit zu Zeit
einfach *überweltigt* bin.

Ein viertes Sonntagsgedicht

Ehrlich kann ich sagen:
Ist grad alles echt okay.
Wenn ich nach endlos kurzen Tagen
endlich wieder Himmel seh.

Ein fünftes Sonntagsgedicht

Ab jetzt wird's schöner,
flüsterst du leise hinter mir.
Dass es jetzt wärmer wird,
hättest du so im Gespür.
Uns gibt es doch noch
im praktischen Doppelpack.
Und für kurze Zeit nur
auch wieder mit Frühlingsgeschmack.

Ein sechstes Sonntagsgedicht

Wenn Sonnenstrahlen Berggipfel anmalen,
wenn Palmenzweigenden mir Schatten spenden,
wenn Worte von der Honigsorte
und Frühlingsfarben sich im Glanze laben.
Wenn das Lieblingsessen noch nicht aufgegessen,
wenn der Kaffeeduft in der Morgenluft.
Und wenn er für einen Augenblick
in meine Augen blickt.
Dann scheint die Luft ein wenig reiner
und meine Welt ein bisschen kleiner.
Scheint das Duschwasser nasser
und die Kacheln dazu krasser.
Ist Symphonie für mich der Wecker
und Automatenkaffee lecker.
Dann hab ich Gründe, um Grübchen spazieren zu tragen.
Dann hab ich Gründe, um einfach mal Danke zu sagen.

Ein siebtes Sonntagsgedicht

Manchmal gibt's Gedankengliederschmerzen,
finden Wörter keinen Satz.
Zwischen halb verbrannten Grübelkerzen
gibt es für mich einen Platz.

Dann ist ein bisschen mehr da
von dem, was war.
Versteh ich ein bisschen mehr nicht
das, was ist.
Glaub ich ein bisschen weniger dran,
dass es gut sein kann.

Konturen sind schwer zu erkennen,
nichts sieht man wirklich genau.
Denn die Welt ist so triefend getränkt
in ein zähes Dunkelblau.

Das Glück liegt weit in der Ferne,
doch das Unglück genauso daneben.
So möcht ich mich lieber als gerne
in diese traurige Schönheit begeben.

Ich klopfe mir sachte auf meine Brust,
und sie klingt beruhigend hohl.
Heute breche ich mal mit der Gegenwart
und betrinke mich mit Melanchol.

Ein achtes Sonntagsgedicht
Jeden Tag neu

Neuer Morgen
Neues Glück
Neuer Anfang
Neuer Blick
Neues Lachen
Neue Tränen
Neues Haben
Neues Sehnen
Neues Erdenken
Neue Geschichte
Neues Erinnern
Neue Gedichte
Neue Chancen
Neue Brücken
Neues Leben
Gibt's zu pflücken

Ein neuntes Sonntagsgedicht und eine freundliche Bitte

Danke für
Dein Rucksack ist offen.
Brauchen Sie Hilfe dabei?
Möchten Sie vor mich? und
Hier neben mir ist noch frei.

Sie haben da etwas verloren.
Die Dame war vor mir dran.
Falls die Bahn nicht mehr fährt, wollt ich sagen,
dass ich Sie mitnehmen kann.

Darf ich mit anfassen? und
Setzen Sie sich, ich kann stehen.
Ich kenne den Weg und kann gerne
ein Stück noch mit Ihnen gehen.

Danke dafür.
Wir können es noch.
Oder, wir können es schon.
Danke dafür und bitte,
bitte noch mehr davon.

Ein zehntes Sonntagsgedicht

Heute ist Montag.
Gestern hab ich nichts geschrieben.
Ich hasse das Schreiben.
Und nichts geschrieben zu haben,
kann ich noch weniger leiden.
Heute ist Montag.
Ich liebe das Schreiben.
Doch was soll ich sagen:
Noch mehr lieb ich es,
geschrieben zu haben.
Heute ist Montag,
und der hat gezeigt,
dass man Sonntagsgedichte wohl nicht
immer an Sonntagen schreibt.

DANK

Was soll ich noch sagen?
Nur noch eins: Dieses Buch läge ohne viele besondere Menschen nicht in Deinen Händen. Ohne all diese begabten, unterstützenden, drüberlesenden, mutzusprechenden, kritisierenden, rückenstärkenden, ratgebenden, erfahrungsteilenden und an-mich-glaubenden Menschen.
Ich schreibe ein lautes Danke an Tobi, der das alles mitträgt, im viralen Trubel viel besser durchblickte als ich, der mein inoffizieller Lektor bleibt und der hoffentlich früher als später ein eigenes Buch schreibt.
An Julia und Lisa, meine offiziellen Lektorinnen, den Droemer Knaur Verlag und an Imke und die rauchzeichen-agentur für Expertise, Ermutigung und Herzlichkeit.
An Mathias, dessen Kunst ich liebe und der das Buch so ausgezeichnet bezeichnete.
An meine Eltern und Alina, die von Anfang an dabei waren und die mir sagten, dass sie das gut finden, was ich da mache, besonders wenn ich mir da selbst nicht sicher war.
An Marco und Micha, die besten Art-Genossen, die jederzeit Erfahrungen, Zeilen, Feedback und Zigaretten mit mir teilen.
An Kathi fürs mit mir unterwegs sein.
An Alex und Josia für die wertvolle Unterstützung, wenn's mal wieder viel war.
An Julia und Annika für ihre unermüdliche Freundschaft.

QUELLEN

Wir haben uns bemüht, alle Rechteinhaber*innen zu ermitteln. Rechteinhaber*innen, die wir nicht ausfindig machen konnten, bitten wir, sich an den Verlag zu wenden.

S. 9: Erich Kästner, Doktor Erich Kästners Lyrische Hausapotheke.
Vorwort © Atrium Verlag, Zürich 1936 und Thomas Kästner, S. 13.

S. 10: Textauszug aus: Hermann Hesse, Siddhartha, in: ders., Sämtliche Werke in 20 Bänden. Herausgegeben von Volker Michels, Band 3: Roßhalde, Knulp, Demian, Siddhartha. © Suhrkamp Verlag Frankfurt am Main 2001. Alle Rechte bei und vorbehalten durch Suhrkamp Verlag Berlin.

S. 59: inspiriert von: Herman Melville, Bartleby, der Schreiber.
Jürgen Krug (Übers.). Insel Verlag, Berlin, 2019.

S. 64f.: Antoine de Saint-Exupéry, Der Kleine Prinz. Leitgeb, Grete u. Josef. (Übers.) 2003, © 1950 und 2021 Karl Rauch Verlag, Düsseldorf, S.86.